ENTRE ORIENT ET OCCIDENT

DU MÊME AUTEUR

En France

Aux Éditions Grasset

JE, TU, NOUS, 1990.
SEXES ET GENRES À TRAVERS LES LANGUES, 1990.
J'AIME À TOI, 1992.
ÊTRE DEUX, 1997.

Aux Éditions de Minuit

SPECULUM, DE L'AUTRE FEMME, 1974.
CE SEXE QUI N'EN EST PAS UN, 1977.
ET L'UNE NE BOUGE PAS SANS L'AUTRE, 1979.
AMANTE MARINE, DE FRIEDRICH NIETZSCHE, 1980.
PASSIONS ÉLÉMENTAIRES, 1982.
L'OUBLI DE L'AIR, CHEZ MARTIN HEIDEGGER, 1983.
L'ÉTHIQUE DE LA DIFFÉRENCE SEXUELLE, 1984.
PARLER N'EST JAMAIS NEUTRE, 1985.
SEXES ET PARENTÉS, 1987.

Aux Éditions de Gruyter-Mouton

LE LANGAGE DES DÉMENTS, 1973.

Aux Éditions de la Pleine Lune

LE CORPS-À-CORPS AVEC LA MÈRE, 1981.

Aux Éditions Galilée

LA CROYANCE MÊME, 1983.

Aux Éditions Hachette

LE TEMPS DE LA DIFFÉRENCE, Livre de Poche, 1989.

Aux Éditions Larousse

LE SEXE LINGUISTIQUE, collectif, Langages, n° 85, 1987.
GENRES CULTURELS ET INTERCULTURELS, collectif, Langages, n° 111, 1993.

Aux Éditions ACGF

LE SOUFFLE DES FEMMES, 1996.

En Italie

Aux Éditions Bollati-Boringhieri

LA DEMOCRAZIA COMINCIA A DUE, 1994.

Aux Éditions Manifestolibri

TRA ORIENTE ET OCCIDENTE, 1997.

LUCE IRIGARAY

ENTRE ORIENT ET OCCIDENT

De la singularité à la communauté

BERNARD GRASSET

PARIS

SOMMAIRE

« Beaucoup de choses sont inquiétantes, mais rien n'est plus inquiétant que l'homme lui-même » (Sophocle, *Antigone*, v. 332-333).

Notre époque, certes, a de quoi inquiéter, mais moins que l'homme toutefois. Ce qu'elle a d'inquiétant lui vient de ce qu'*il* a d'inquiétant, et toutes les interprétations de notre malaise, tous les remèdes qui sont proposés ou apportés sont impuissants à rendre compte de la cause de l'inquiétant, s'ils ne questionnent pas ce qu'est l'homme depuis des siècles : ils sont trop partiels et superficiels et ne rejoignent pas la source d'où naît le péril. Toutes les interprétations comme tous les remèdes vont alors au rien comme l'homme lui-même. Et la mort, de chacun et de tous, semble la seule chose qui résiste au pouvoir anéantissant de l'homme.

N'a-t-il pas, en effet, épuisé la terre, prévalu par ses ruses sur l'animal sauvage, sur les oiseaux et les poissons, soumis à son œuvre le cheval et le taureau, inventé le tout-comprendre par la parole, et aussi le gouvernement des villes et la victoire sur les intempéries cosmiques? N'a-t-il pas dominé le tout, ou presque, par son habileté pour arriver au rien? Et, surplombant de son haut le monde, son monde, ne s'en retrouve-t-il pas finalement exclu?

Par amour de l'audace, du défi, se frayant un chemin entre ciel et terre, n'a-t-il pas mené l'un et l'autre à la ruine? N'a-t-il pas confondu ce qui est et ce qui n'est pas, exerçant son savoir-faire, fabriquant et construisant avant même d'interroger ce qui est, ce qu'il est lui-même? S'avançant d'illusions en illusions sans assurer son savoir sur le réel, à commencer par la réalité qu'il est lui-même?

« Que, de mon foyer, il ne devienne pas un intime, l'homme qui accomplit cela, et que ses illusions ne participent pas à mon savoir » (*ibid.*, v. 373-375).

Ainsi parlait le chœur, il y a environ 2 500 ans, au début de la tragédie *Antigone* de Sophocle.

De telles paroles, nous pouvons, nous femmes et hommes d'aujourd'hui, les faire nôtres et les méditer pour ne pas continuer à nous illusionner plus longtemps. Ainsi la crise économique de notre temps, pour ne donner qu'un exemple qui nous fascine sur notre mal-être, n'est-elle qu'un symptôme de ce qu'est l'homme lui-même depuis des siècles.

Résoudre le problème économique sans traiter sa cause revient, pour l'homme, à s'exiler un peu plus de soi, de son monde et à précipiter encore un peu plus vite sa perte, celle de l'espèce humaine, celle de la planète.

Certes, il ne manque pas de démagogues pour éloigner chacun d'une prise de conscience nécessaire, pour utiliser le malaise économique lui-même en vue d'illusionner plus encore chacun sur son innocence et son irresponsabilité, pour attirer plus encore chacun, à l'intérieur d'un même horizon ou projet, vers d'impossibles solutions mais de probables désastres.

Et ne croyez pas que je m'amuse ici à élaborer

de belles métaphores pour soutenir ma propre utopie. Je parle là de choses réelles. Mais qui a encore des oreilles pour percevoir quelque chose du réel?

Comment donc rouvrir l'horizon d'un monde qui est devenu étranger à qui l'a construit et qui représente un péril pour tous?

Deux gestes paraissent nécessaires : refonder l'identité singulière, refonder la constitution communautaire.

De telles paroles, peut-être parce que je suis femme, je ne les profère pas du dessus ou du dehors d'un monde que j'ai construit en m'éloignant toujours davantage de moi-même et de l'univers pré-donné qui m'environne. Elles sont plutôt nées d'une quête de moi-même, du monde, de l'autre, au-delà des illusions, des mensonges.

Peut-être parce que je suis femme, j'ai perçu et vécu le danger plus vite et autrement; ce qui m'a valu il y a quelques années, et encore aujourd'hui, des soupçons de toutes sortes. Mais j'aime la vie, et j'ai cherché des solutions pour la défendre, la cultiver : pour moi et en elle-même.

Ces solutions paraîtront trop modestes à certain(e)s, trop ambitieuses à d'autres. Elles cherchent à retourner en deçà des artifices qui m'ont enlevée à moi-même, au monde, à la relation avec l'autre, les autres. Elles veulent transformer la survie qui m'est imposée en découverte de la source même de la vie, individuelle et collective.

Déconstruire, certes, mais pour qui n'a pas bâti un monde cela représente déjà un luxe. Et à qui ou à quoi se prend l'énergie pour un tel geste ? Serait-il inspiré par la haine ? De qui ou de quoi ? De tout, de tous, et de soi-même ? Une telle opération sort-elle réellement de la logique existante, notamment de son opposition entre amour et haine, dont Empédocle signalait l'importance dans la construction de notre horizon ? La déconstruction, y compris par son recours à d'innombrables ruses linguistiques, ne reste-t-elle pas enfermée dans un séculaire type de savoir-faire, et n'y reboucle-t-elle pas la raison elle-même jusqu'à l'entraîner à une folie nihiliste comme ultime geste prométhéen ? Ne serait-elle pas également trop mentale, trop exclusivement mentale, voulant ignorer que les dichotomies sensible-intelligible, corporel-spirituel sont un des motifs du caractère inquiétant de l'homme et de son monde? Et l'habileté technique du déconstructeur ne risque-t-elle pas d'accélérer, sans frein ni alternative possibles, un processus qui paraît désormais presque inévitable?

Briser des chaînes, rouvrir des prisons, dévoiler des mensonges et des illusions, oui. Mais comment le faire sans repartir de l'élémentaire de la vie elle-même et, en particulier, du premier et dernier geste de la vie, naturelle et spirituelle : respirer par soi-même?

Découvrir ainsi que je peux vivre de manière autonome, que personne ne m'est absolument nécessaire, que je n'ai pas besoin de m'inventer des mères ou des pères pour subsister. Respirer par moi-même me permet aussi de sortir d'un placenta socio-culturel. Donc je peux commencer à naître, à ne plus vivre du souffle de quiconque, comme le fait le fœtus dans le ventre de sa mère et souvent l'homme à l'intérieur d'un horizon historique donné. Naître à ma vie. Naître aussi à une certaine ingénuité culturelle : ne pas devoir briser pour découvrir ou redécouvrir ce qui est, ce qui est beau, ce qui est vrai. Le percevoir à travers une renaissance personnelle.

Ici encore, il n'est pas question d'en rester aux mots. De toute façon, ce que j'ai ainsi commencé à expérimenter par nécessité et de façon solitaire, la culture occidentale ne m'en a pas enseigné le chemin. J'ai dû, comme certains des derniers philosophes de l'Occident, me tourner vers l'Orient pour y trouver des guides et des rudiments de méthode. Je l'ai fait différemment des maîtres de l'Occident. Je n'ai pas prétendu englober le savoir des maîtres orientaux dans mon savoir, ni même passer de leurs mots à mes mots. Ce type de transmission m'a paru être devenu caduc. J'ai suivi l'enseignement de maîtres pour qui une pratique quotidienne — en fait, le yoga — était ce qui peut aider à naître ou renaître et à découvrir des paroles et des gestes porteurs d'un autre sens, d'une autre lumière, d'une autre rationalité.

Si réapprendre à respirer, naïvement d'abord et ensuite avec l'aide de maîtres orientaux, ou formés en Orient, m'a aidée à survivre en un premier temps, et continue à avoir ce sens, cela m'a peu à peu fait entrevoir l'existence d'une autre vie, pas dans l'au-delà mais ici-bas. Il était possible de vivre tout autrement que cela ne m'avait été appris, que ce que je pouvais imaginer.

Cet « autrement » n'a rien de commun avec la découverte d'un quelconque inconscient. A vrai dire, ma première rencontre, plutôt conflictuelle, avec un enseignant du yoga s'est déroulée autour de la possibilité que tout devienne conscient, professée par lui à ses élèves. Alors psychanalyste, je lui ai fait comprendre sa naïveté. Je ne voyais pas la mienne! Et pas plus le fait que nous parlions à partir de deux horizons différents. La pratique de la respiration, la pratique des souffles résorbe certes des ténèbres ou des pans d'ombre de la conscience occidentale. Mais elle constitue surtout le mental autrement. Elle accorde plus d'attention à l'éducation du corps, des sens. Elle inverse en quelque sorte l'essentiel et le superflu. Nous, Occidentaux, croyons que l'essentiel de la culture se tient dans des mots, des textes, au plus des œuvres d'art, et que l'exercice physique doit nous aider à nous consacrer à cet essentiel. Pour les maîtres de l'Orient, le corps lui-même peut devenir esprit par la culture du souffle. Sans doute, à l'origine de notre tradition — chez Aristote, par exemple, et plus encore chez Empédocle — l'âme semble encore apparentée au souffle, à l'air. Mais le lien entre les deux s'est ensuite oublié, en particulier en philosophie. L'âme, ou ce qui en tient lieu, est devenu l'effet de conceptualisations et de représentations et non le résultat d'une pratique du souffle. Les ponts entre les traditions sont difficiles à rétablir tant les malentendus, à la mesure de refoulements et oublis historiques, sont profonds.

J'essaierai d'en donner un exemple à propos de la conception du génie de l'espèce chez Schopenhauer. Ce philosophe occidental, soucieux de culture indienne, prétend néanmoins que la vie de l'homme est dominée par une passion aveugle, celle de se reproduire. Or si les Indiens ont à cœur d'assurer la perpétuation de la vie, s'ils engendrent généralement deux enfants pour s'acquitter de leur devoir envers l'existence humaine, ils ne témoignent pas pour autant d'une passion pour la reproduction. Ils aiment et cultivent la vie, mais pas sur le mode d'un besoin impérieux de reproduire leur propre espèce. Leur objectif est plutôt de spiritualiser leur corps et la nature, en tant que micro- et macro-cosme, de les faire passer dès maintenant et ici-bas du mortel à l'immortel, de l'imparfait au parfait. La voie empruntée est généralement la culture de la respiration et le renoncement à investir sur quelque chose de partiel, sur un quelconque objet, ce qui apporte douleur et déchirement du soi. Contrairement au mépris de l'individuation, qui ressort de la théorie de Schopenhauer, l'hindou tente d'amener son incarnation jusqu'à la perfection pour éviter la réincarnation, en particulier sous une forme moins accomplie.

Devenir cultivé, devenir spirituel par la pratique des souffles, à cela correspond souvent une culture de l'Orient. Dans ce devenir, le corps ne se sépare pas du mental, la conscience n'est pas domination de la nature par un habile savoir-faire. Elle est éveil progressif de tout l'être par la conduite du souffle des centres de la vitalité élémentaire aux centres plus spirituels : du cœur, de la parole, de la pensée. Cela demande du temps! Le temps d'une vie souvent, temps qui doit rester accordé au rythme de la vie en général, celle de l'univers et celle des autres vivants, que l'aspirant au spirituel doit respecter, et même tenter d'aider si tel est leur souhait.

Le progrès spirituel ne se sépare donc pas du corps ni du désir, mais ceux-ci sont peu à peu éduqués à renoncer à ce qui leur nuit. Certes, il ne s'agit pas de renoncer pour renoncer, mais de renoncer à ce qui contrarie l'accès à la béatitude dès ici-bas. L'ascèse n'est donc pas privative comme elle l'a été trop souvent en Occident, elle est limitation, acceptée et voulue, pour progresser vers le bonheur. Il en va ainsi pour la sexualité par exemple. La chasteté n'est pas présentée comme un bien en soi, et le candidat au monachisme est souvent invité à avoir fait préalablement ses preuves sur le plan sexuel. Les dieux de l'Inde, d'ailleurs, se présentent généralement en couple : homme et femme créent l'univers par leur familiarité avec certains de ses éléments, par leur amour également, et ils le détruisent par leur passion. Nous sommes loin des représentations philosophico-religieuses de l'Occident depuis des millénaires.

Retourner méditer à partir de pratiques et de textes des cultures orientales, surtout aborigènes, pré-aryennes, peut nous indiquer une voie pour poursuivre notre Histoire. Il en a été ainsi pour moi. Et, depuis quelques années, je constate avec plaisir que je ne suis pas la seule à m'intéresser à ces cultures! Malheureusement, les Occidentaux en retiennent surtout les apports post-aryens, moins dépaysants pour eux que les cultures aborigènes, plus féminines. Même les enseignants du yoga formés en Inde oublient l'importance de la différence sexuelle dans la culture qu'ils transmettent. Seuls les vieux maîtres insistent sur cette dimension de leur tradition, présente par ailleurs dans les textes. La pratique actuelle, hélas! s'inspire un peu trop de ce que l'Occident a de plus inquiétant : l'habileté technique, la domination de la nature, l'oubli du caractère fondamental de la différence des sexes.

Si j'ai appris de mes enseignants du yoga l'importance du souffle pour survivre, pour guérir certains maux, pour accéder au détachement et à l'autonomie, je n'ai pas reçu d'eux, ni d'elles, d'indication sur une sexuation du souffle ou de l'énergie, sur son utilité dans le respect et l'amour de soi ou de l'autre. Ce parcours, j'ai dû l'inventer et le poursuivre seule : en pratiquant, en (m')écoutant, en lisant, en m'éveillant, en créant des ponts avec l'Occident, pour guérir certaines souffrances aussi. Ce que je vis et pense aujourd'hui est tissé entre deux traditions, si tant est qu'il y en ait réellement deux et qu'il ne s'agisse pas plutôt d'un devenir de la conscience humaine, plus ou moins présent ou oublié. Dans le texte « Enseignements orientaux », j'ai tenté de dire ce que m'a enseigné (ou rappelé) le yoga et ce que ne m'a pas (encore ?) transmis cette tradition.

Depuis l'écriture de ce texte, j'ai progressé, du moins je l'espère... En particulier pour répondre aux questions que je me posais ou qui m'étaient posées. Dans « La voie du souffle », j'ai tenté de dire en quoi la pratique de la respiration, des souffles, n'est pas neutre, et comment femme et homme respirent et utilisent leur souffle de manière spécifique : le gardant davantage en soi, notamment à fin de partage, pour l'une, l'employant presque exclusivement à faire, à construire à l'extérieur de soi, pour l'autre. J'ai proposé des explications à l'attrait que l'homme éprouve pour la femme à partir de cette plus grande intériorité du souffle, et fait quelques suggestions sur la façon de cultiver le désir sans renoncer à le vivre charnellement.

Cette union entre les sexes, au-delà de toute représentation déjà codée, correspond au geste le plus déconstructeur qu'il puisse exister, en un sens. Mais elle opère en même temps, et du même geste, une refondation possible au niveau du moins construit, du plus intime de l'humain lui-même, et de ses relations vivantes avec le monde pré-donné qui l'environne : la nature, les autres vivants.

Arriver, en outre, à partager ce premier et ultime geste de la vie, naturelle et spirituelle, ne représente-t-il pas la source ou le pont à partir desquels repenser et la singularité et la communauté ?

Respecter ma vie, celle de l'univers, celle de l'autre, n'est-ce pas le premier geste d'une culture échappant à l'inquiétant, culture où l'esprit se constitue sans dominer la nature ni s'en éloigner pour se l'approprier, que la nature soit l'environnement pré-donné, le corps propre, celui des autres vivants ? N'est-ce pas substituer à notre formation traditionnelle une culture où la conscience s'éveille grâce à la spiritualisation progressive du corps par le souffle, le plus familier, le plus originaire devenant le plus cultivé, l'ultime, sans pour autant sortir du monde pré-donné pour en redoubler l'inquiétant par un plus inquiétant encore mais en cherchant, au contraire, à rendre l'inquiétant familier ?

Et, si ce geste s'accomplit à deux, ne représente-t-il pas une refondation possible du « nous », en deçà et au-delà des différences mais grâce à ces différences mêmes ? Refondation possible de la subjectivité de l'homme, de la femme et de leur rapport fondateur pour la communauté, ce geste permet aussi la coexistence, sans pré-donné culturel, des diverses traditions avec lesquelles nous avons aujourd'hui à composer une société. Le souffle est, en effet, ce qui peut se partager par tous et par toutes en deçà et au-delà des différences de culture. Il exige une seule chose : le respect de la vie naturelle et spirituelle de soi et de l'autre.

Comment articuler singularité et communauté ? Cette question croise celle des rapports entre Orient et Occident de façon complexe et, selon moi, inaccomplie.

Les éléments qui séparent les deux traditions sont multiples. Il y entre un éloignement du site local, des liens vivants avec le monde végétal, les animaux, les humains et les dieux qui en font partie. Là où le lieu pré-donné, le lieu de naissance, servait de seconde mère, abritant de son paysage, nourrissant de ses fruits, réconfortant de son entour et de ses coutumes, l'arrachement au lieu natal contraint à s'inventer d'autres recours : la chasse, les outils nécessaires pour se nourrir et s'abriter, pour faire la guerre également. Les nomades conquièrent leur territoire contre la familiarité du premier site, contre les sédentaires, contre les valeurs plus maternelles, plus féminines. Ils créent une culture de l'entre-hommes, ennemis ou complices, dont la divinité est plutôt patriarcale, le Dieu-Père, partout présent et jamais là, que l'on suit, qui vous accompagne, qui vous fustige et vous assiste, qui impose ses lois à des peuples itinérants échappant aux mesures d'une vie plus naturelle.

Entre les traditions aborigènes asiatiques et nos cultures occidentales, sont intervenues ces migrations qui ont changé l'identité individuelle et collective. Là où la nature, la proximité, le dialogue et la transmission orale, les coutumes locales servaient de normes à la communauté, le groupement social, la propriété, les codes écrits l'organisent de manière plus formelle avec une perte de consistance individuelle et de relations entre les humains. Certes un lien existe, mais il est réglé par la loi et une certaine répartition des biens. Le commun se définit par la propriété et non la proximité. La communauté n'est plus constituée à partir de rapports intimes de parenté, de voisinage avec les autres, mais, de l'extérieur, à partir de règles, de biens, de frontières qui sont plus ou moins étrangers au(x) sujet(s).

Une enclave résiste à cette conception du collectif : la famille. En elle, subsistent certains caractères des archaïques cultures aborigènes : la familiarité, la sédentarité, le partage oral, les droits naturel et coutumier. L'Etat, il est vrai, s'efforce d'y substituer ses normes : exigeant des enfants, de la force de travail, des biens, la soumission de la singularité à une conception abstraite et artificielle de l'individu. La famille, comme la femme d'ailleurs, est à la fois survalorisée et dévalorisée, colonisée. Elle est soumise à des valeurs qui lui sont étrangères et qui, peu à peu, la détruisent. Non sans méconnaissance de ce qui la constitue, les fondements patriarcaux, qui l'ont minée, prétendent désormais la restaurer en y exerçant une certaine maîtrise, en y imposant un certain pouvoir. Autant se retrouver dans une maison vide !

En fait, il s'agit plutôt de penser et de restaurer certaines relations entre cultures aborigènes féminines et cultures indo-européennes patriarcalisées, non pas en vue d'un renversement de pouvoir mais d'une possible coexistence de perspectives, de subjectivités, de mondes, de cultures. Cela implique un dépassement des traditions à prévalence *généalogique* : matriarcales et patriarcales, aujourd'hui en opposition, vers la constitution de relations *horizontales* entre les sexes.

M'inspirant des civilisations pré-aryennes, j'ai tenté de trouver des lieux d'articulation entre l'homme et la femme, et même entre tous et toutes, notamment à travers le souffle. Passer au niveau de la communauté occidentale nécessite d'autres méthodes. Outre la difficulté d'une telle constitution collective, en rester au niveau du souffle risquerait de favoriser des organisations sociales où la personne s'aliène et même disparaît dans le groupe. De plus, les traditions orientales elles-mêmes sont actuellement multiples, et les apports aborigènes asiatiques et indo-européens y cohabitent sans réelle articulation entre eux. Il n'est donc pas question de renverser simplement l'Histoire mais d'interroger ses stratifications et apports successifs afin d'en poursuivre la construction.

Ainsi en va-t-il pour la dialectique hégélienne, méthode insurpassée en un sens mais qui laisse apparaître ses propres apories dans l'impossibilité à découvrir ou construire des modalités de l'esprit qui respectent les valeurs éthiques féminines et les valeurs culturelles masculines. Pour ne pas sacrifier la piété d'Antigone au pouvoir de Créon, une double dialectique est nécessaire et non une universalisation qui s'éloigne toujours davantage du réel au nom de valeurs abstraites et soi-disant objectives. Il ne convient pas de hiérarchiser les valeurs en partant du pré-donné naturel vers des idéaux de plus en plus artificiellement fabriqués. Il importe de redialectiser les relations entre nature et culture dans le respect des réalités qui composent le monde pré-donné : celle du macrocosme et celle des êtres vivants, pour lesquels la différence sexuelle est un réel naturel et culturel incontournable.

Certains facteurs historiques peuvent nous sembler plus importants que le traitement de la différence des sexes : ceux liés aux migrations de notre époque, par exemple. Or celles-ci risquent de nous entraîner vers une neutralisation et une fantomatisation de plus en plus inquiétantes de l'environnement et de l'individu, s'accompagnant de tutelles autoritaires pour encadrer ou intégrer le multiple et l'étranger. La dernière époque paternaliste se dit au pluriel, mais un pluriel restant souvent à l'intérieur de la clôture du monde patriarcal. Par ailleurs, l'esprit humain a´ besoin de pouvoir rassembler, unifier, pour devenir en demeurant soi et capable de fidélité à l'autre ; il a besoin également de familiarité. Il est donc indispensable de découvrir un nouvel univers du *un* et du *familier*. La différence sexuelle peut nous le procurer.

Certes, le *un* se transporte alors de l'individu à la *relation entre deux*. La communauté sera composée de relations-entre et non de un + un + un... juxtaposés et réunis par des lois extérieures et plus ou moins artificielles.

La relation de base sera constituée de et par deux différents, irréductibles l'un à l'autre mais liés par une attraction naturelle, qu'il convient de cultiver en la gardant liée à la familiarité, ou plus exactement en la rendant familière. L'attrait sexuel est en effet étrange, et souvent son étrangeté se trouve réduite par la nostalgie de, ou la régression à, la dimension généalogique. Le familier dans ce cas n'est pas spiritualisé comme tel, pas élevé au niveau de la propre conscience, et un rapport hiérarchique domine la relation à l'autre. Trop naturelle ou trop culturelle, la dimension généalogique ne permet pas cette restructuration des rapports entre nature et culture dont nous avons besoin.

La différence sexuelle peut nous y amener et, grâce à elle, les diverses sortes ou formes d'autres pourront être abordées sans renoncement à un devenir propre.

L'enjeu du *propre* change alors d'accent. Nous n'avons pas à rendre le monde, y compris l'autre qui l'habite, propre à nous, mais à découvrir notre propre et à le cultiver pour pouvoir saluer comme différents, mais parfois familiers, ce et ceux qui nous entourent.

Le *proche* demande la différence. Si l'autre ou moi manquons de frontières propres, nous ne pouvons pas nous approcher l'un de l'autre. Nous nous approprions chacun l'autre au point d'oublier celui ou celle qui nous sont proches.

Les coutumes du monde maternel sont généralement réglées par la proximité, mais une proximité impensée comme telle. Le monde patriarcal, lui, est fondé sur la propriété, mais le propre de l'homme lui reste étranger. A chacun de ces mondes revient de se reconnaître un être propre et de le cultiver. Ce qui suppose d'accepter l'éloignement, voire la rupture, des premiers liens, mais pour en reconnaître et cultiver la familiarité, y compris hors du site natal et de la famille d'origine.

Entre l'humain et la nature, une autre proximité peut se découvrir et s'élaborer dont la médiation est la différence sexuelle. En s'éloignant de la première familiarité donnée, l'homme et la femme peuvent percevoir et cultiver, par le travail de l'amour et du désir, celle qui existe entre eux. Ainsi s'entrouvre l'horizon d'une nouvelle fondation de la famille et de la communauté qui représente un progrès dans le devenir de la conscience humaine.

Antigone et Hölderlin pourront y renoncer à des nostalgies encore trop simples, immédiates et égologiques, pour tenter de bâtir des liens spirituels entre leurs singularités. Berceau de leur renaissance?

LE TEMPS DE LA VIE

Je situerai ces quelques questions sous le signe ou l'augure de l'ouverture, donc de la non-clôture égologique, du renoncement à la suffisance narcissique, condition première de l'écoute et de la parole que la tradition de l'Inde m'a apprise.

Selon cette tradition, aucune théorie ni aucune pratique ne sont jamais achevées. Elles sont toujours en devenir. La tâche est de tenter de relier l'ici maintenant d'aujourd'hui, ce moment présent de notre vie, à la réalité d'hier et à celle de demain. Inutile donc d'en faire trop pour immortaliser le tout tout de suite. C'est impossible. Par contre, il s'agit d'en faire assez pour tenter de passer de la réalité présente à l'immortalité ou l'éternité.

Ce moment présent, je n'en connais d'ailleurs pas la date historique exacte, la date de naissance matérielle et spirituelle; je n'en connais pas l'âge. Cette imprécision quant à l'état du devenir de l'univers, du monde vivant et de l'espèce humaine m'oblige, en toute rigueur, à l'interrogation, à l'inachèvement ou à la relativité. Il n'est donc pas question d'énoncer une vérité valable une fois pour toutes mais d'essayer de faire un geste, fidèle à la réalité d'hier et à celle d'aujourd'hui, qui indique un chemin vers plus de continuité, moins de déchirement, plus d'intériorité, de concentration, d'harmonie — en moi, entre moi et l'univers vivant, entre moi et l'autre/les autres, si cela est ou devient possible, comme je l'espère, dans le respect de l'univers vivant et de sa temporalité.

Je reviens donc à Schopenhauer pour poser quelques questions à partir de ses textes que je n'ai pas encore lus exhaustivement. Selon lui, je n'ai donc rien lu. Et je comprends cette irritation de l'auteur qui soigne son parcours et à qui est renvoyée une partie seulement de celui-ci. Mais Schopenhauer croit qu'il n'y a pas grand progrès dans notre devenir. Il enseigne aussi que l'espèce humaine serait condensée, sans différenciation ni évolution, en lui comme en chaque être humain. Certains chapitres de ses écrits révèlent donc le tout de son œuvre et même le tout de la vérité de l'homme qu'il est, voire de l'humanité qu'il prétend récapituler en lui.

Je ne m'arrêterai pas à son *Essai sur les femmes*, sauf pour souligner que ce texte n'est en rien l'envers de son œuvre ainsi que le prétend le présentateur de l'édition française, Didier Raymond. Il y trouve une place tout à fait cohérente. Je vais tenter de le faire apparaître.

Je m'étonne seulement que, alors que tant de femmes ont des choses intelligentes à dire et que tant d'hommes sont encore inconnus, le soin d'éditer un tel opuscule, qui plus est à un tel prix, ait retenu un éditeur. Cela confirme ce que Schopenhauer nous révèle, entre autres vérités : la philosophie est affaire de mort. Un philosophe vivant et pensant la vie est a priori suspect dans notre culture philosophique. Ainsi commence le chapitre « De la mort et de ses rapports avec l'indestructibilité de notre être en soi » (p. 1203) dans *Le monde comme volonté et comme représentation :* « La mort est proprement le génie inspirateur ou le "musagète" de la philosophie, et Socrate a pu définir aussi la philosophie *thanatou mélétè* (préparation à la mort) [Platon, *Phédon,* 81 a]. Sans la mort, il n'y aurait sans doute pas de philosophie. Il sera donc tout naturel de donner place ici, en tête du dernier, du plus sérieux, du plus important de nos livres, à quelques considérations spéciales sur ce point. »

Je partirai de ce chapitre ainsi que de ceux intitulés : « La métaphysique de l'amour » ; « De la vanité et des souffrances de la vie » ; « Hérédité des qualités » ; « Comment la chose en soi est connaissable » ; « Du primat de la volonté dans la connaissance de nous-mêmes ».

Je n'y ferai pas de références précises. J'ai construit mon analyse en relation plus particulière à ces chapitres. Ce qui n'exclut pas une lecture des textes *Sur la vue et les couleurs* et *De la volonté dans la nature,* lecture qui n'a pas contredit jusqu'à présent l'interprétation de Schopenhauer que je vais esquisser pour l'interroger.

Intention philosophique de Schopenhauer

La métaphysique de Schopenhauer peut se définir, selon moi, *matérialisme biologique*. La volonté dont il parle ne correspond pas à un vouloir du devenir de l'esprit ni même de la chair, à une individuation. C'est un pathos aveugle de la reproduction de l'espèce. Chez Schopenhauer, ce que nous désignons généralement comme devoir de reproduire, d'enfanter, rejoint la plus obscure et élémentaire passion de l'homme. De l'homme, en effet. Car la volonté est, selon lui, masculine ; l'intelligence, féminine. La reproduction de l'espèce est donc une affaire d'homme. Mais cette passion ou cette *dunamis* correspond à la substance du métaphysique et de la transcendance.

Contrairement à ce qui nous a généralement été appris, le métaphysique, selon Schopenhauer, ne se situe pas dans une économie ascensionnelle de formes, de normes, d'idées de plus en plus transcendantes au sensible et à la matière. Non. Le métaphysique réside dans le dynamisme de chromosomes reproducteurs qui arrachent l'homme à son instance individuelle. Je suis —

affirme Schopenhauer — projeté hors de moi par ma volonté de reproduire l'espèce. L'amour entre amants ne représente qu'un irrésistible attrait reproducteur. Leurs douleurs et gémissements — Schopenhauer parle peu de leurs joies... — ne sont que ceux de l'espèce et rien ne peut s'y opposer. En tant qu'individus, les amants n'existent pas, et hommes et femmes sont ici traités à la même enseigne. Ni l'un ni l'autre n'existent et ils ne se différencient que par la hiérarchie des fonctions naturelles. Là aussi, contrairement à ce qui pouvait s'attendre, la volonté l'emporte sur l'intelligence. Oserai-je dire que l'ancien cerveau l'emporte sur le nouveau? Ce n'est pas tout à fait correct ni tout à fait exact. Mais l'allusion fera comprendre, si besoin est, qu'une fois encore Schopenhauer déconcerte nos habitudes. Il nous a été appris que les femmes étaient passionnées et les hommes intelligents, capables de sublimer leurs passions. Pour Schopenhauer, il n'en est rien. Mais si vous pensez, en tant que femmes, y trouver une quelconque valorisation, vous faites erreur : l'intelligence n'est qu'émanation passive du vouloir. La moindre chiquenaude de celui-ci la fait changer d'avis.

Aucune intelligence — même pas celle des hommes, à moins d'êtres de grand génie — ne peut résister à la volonté.

Donc la métaphysique de Schopenhauer se passe d'idéaux formels représentables, de transcendance divine ouvertement confessée ; la transcendance de l'autre ne s'y dit pas non plus. La transcendance du métaphysique réside dans le génie de l'espèce qui se confond avec la volonté masculine de reproduire.

Avant de rire trop vite, il conviendrait de s'assurer que ce que Schopenhauer énonce ne se cache pas dans la plupart des philosophies dites de l'Occident, plus exactement dans le discours philosophique à partir d'une certaine époque de domination de la culture par le patriarcat. Autrement dit, Schopenhauer ne va-t-il pas au bout des choses en mettant au jour ce que la plupart voilent avec un art de l'illusion, une Māyā, plus ou moins habile et aveuglant ? Schopenhauer n'atteste-t-il pas tout crûment ce que d'autres font sans le dire, ni le savoir : la philosophie correspond à un patriarcalisme absolu et elle est une affaire de mort ?

Ce qui est qualifié de pessimisme, chez Schopenhauer, ne correspond-il pas, du moins pour une part, à la révélation d'une vérité élémentaire fondatrice du métaphysique depuis des siècles, du moins dans nos cultures? L'homme veut essentiellement se reproduire, rien ne peut l'en empêcher, même pas l'intelligence des femmes, et cette volonté, quand elle ne produit pas des enfants naturels, procrée des enfants imaginaires. Philosophie et religion en seraient. Cette nécessité de la reproduction correspondrait au génie de l'espèce dont les hommes sont les gardiens.

Donc l'homme est en proie à un génie, au génie qui l'oblige à se transcender dans et par la reproduction. Schopenhauer s'en tient souvent à la reproduction naturelle. Il me semble que la reproduction dite spirituelle s'enracine dans le même vouloir tant qu'elle n'est pas interprétée à la lumière de telles révélations. Schopenhauer le dit. Nietzsche l'affirme très explicitement : ses œuvres sont ses enfants.

Voilà donc tout le métaphysique proprement renversé par Schopenhauer, ou plus exactement creusé jusqu'en son fond et au-delà. Sa *dunamis* est l'œuvre du vouloir inscrit dans la semence masculine. La vérité ne serait pas si transcendante que cela s'est pudiquement mais autoritairement attesté, ou sa transcendance est l'œuvre de la Māyā qui aveugle les philosophes eux-mêmes. Dévoilée, la vérité est spermatique. *Logos spermatikos*, si l'on préfère l'invoquer ou l'évoquer dans une autre langue et dans un champ non directement philosophique pour entretenir un peu de son mystère.

Comme interrogation, celle de Schopenhauer, au premier abord naïve, est principielle. Et toute vérité aurait intérêt à repartir de cette révélation biologique. Comment interpréter cette position du philosophique dévoilée par Schopenhauer? Comment interpréter l'œuvre de Schopenhauer lui-même? Comment lui donner un sens ou un avenir autres que ceux qu'il propose? Ce qui pourrait s'énoncer sous la forme : comment reconstruire ce qu'il déconstruit?

La perspective du genre

Deux lieux peuvent servir de points d'appui ou de sites de mise en perspective de la philosophie de Schopenhauer. Ils ne sont pas étrangers l'un à l'autre :

1. La question, pour une part naturelle, de la différence des sexes que Schopenhauer traite de manière inexacte biologiquement. Disons que, par exemple, il confond le genre et l'espèce.

2. La tradition hindoue à laquelle Schopenhauer fait appel pour tenir son discours et qui, contrairement aux vérités et volontés qui sont les siennes, ne s'éloigne jamais du corps ni de la nature comme micro- et macro-cosme, qu'il s'agit de cultiver en vue d'acquérir le bonheur de l'immortalité ou de l'éternité tout en s'acquittant de sa tâche humaine.

Selon moi, ces deux sites — la tradition de l'Inde et la question du statut culturel de la différence des sexes — sont liés dans la mesure où « l'hindouisme, tel qu'il se présente depuis la fin du Moyen Age, représente la synthèse, mais avec une prédominance marquée de facteurs aborigènes[1] », des cultures indo-européennes et asia-

---

1. Se reporter à ce propos au livre de Mircea Eliade sur *Patanjali et le yoga*, Le Seuil, « Maîtres spirituels », p. 176.
En Inde, les cultures indo-européennes n'ont pas anéanti ou

tiques aborigènes pré-aryennes. Les cultures de l'hindouisme auraient résisté à l'empire du patriarcat et à son économie : pastorale, nomadique, céleste, atmosphérique, par une défense des lieux, en particulier de la terre, de ses végétaux, de ses nourritures, par le respect des traditions de la mère et de la femme, plus fidèles à la vie sous ses aspects concrets, au religieux dans sa dimension sensible et mystique. L'apport des Indo-Européens patriarcalisés consistant entre autres dans le ritualisme et les spéculations philosophiques et religieuses.

---

recouvert les cultures aborigènes asiatiques. De nombreux éléments culturels pré-patriarcaux, plus proches d'une tradition féminine, subsistent donc malgré les apports aryens privilégiant le règne du père et les caractères de l'économie patriarcale.

Méditer sur les gestes physiques, en particulier la respiration cosmique du Bouddha, plutôt que sur les subtilités logiques d'un discours bouddhique, parler des incarnations de Brahma et de ses actes à la limite du mortel et de l'immortel, de l'humain, du divin et de l'élémentaire sont, de ma part, un choix délibéré soucieux de respecter les cultures aborigènes. Il en va de même pour l'utilisation du terme « hindou ».

En effet, le terme d'« hindouisme » est souvent utilisé pour désigner « la victoire religieuse du terroir » (cf. Mircea Eliade, *ibid.*, p. 176), soit les modalités de subsistance des traditions aborigènes pré-aryennes.

Grâce à cette présence des traditions féminines, l'Inde a gardé des traces des cultures prépatriarcales. Elle a aussi développé certaines dimensions culturelles que nous avons quasiment oubliées. En Inde, hommes et femmes sont dieux ensemble et créent ensemble le monde, y compris dans sa dimension cosmique. Les couples divins, qu'ils soient celui de Vishnu[1] ou de Shiva et de leurs amantes, sont des microcosmes en relations économiques constantes avec le macrocosme ; il en va de même dans le tantrisme. Ces couples sont généralement figurés sans enfants. Ils sont amants, et amants de l'univers.

Nous voilà loin du génie de l'espèce de Schopenhauer. Nous voilà proches d'une possible philosophie, sagesse, ou religion de la différence des sexes dont l'Inde est peut-être un des lieux d'émergence ou de subsistance.

Mais de quelle Inde parle Schopenhauer ? Quelle Inde est évoquée dans la philosophie occidentale, quand elle l'est ? La plus grande part

---

1. Quand l'alternative existe, la graphie du mot indien choisie est la plus proche de la prononciation française.

de la tradition hindoue y reste étrangère sauf chez quelques praticiens des Veda, du yoga, des mantras, des textes ou de l'art de l'Inde. Mais ceux-ci le plus souvent connaissent mal la tradition philosophique occidentale et n'assurent pas les passages possibles entre les deux traditions, à moins qu'ils n'échouent ou ne répugnent à le faire. La seule chance d'une interprétation correcte de la pensée hindoue se trouve néanmoins chez eux, ou elles, car cette culture de l'Inde ne sépare pas théorie et pratique, notamment en amour. Et nous risquons de très mal l'interpréter si nous ne l'abordons pas avec une pratique appropriée. Il semble que cette mécompréhension existe, par exemple chez Schopenhauer. Il a retenu certains éléments de la tradition de l'Inde, mais ne les a-t-il pas pervertis en les sortant de leur cadre, ce mot étant entendu avec une rigueur dont nous avons peu coutume ? Je voudrais en donner quelques exemples concernant : 1. la temporalité au sens strict, 2. la pratique de la philosophie, 3. l'interprétation de la souffrance et de la joie de vivre, 4. l'intention concernant le vouloir-vivre, 5. la question de l'individuation, 6. la question du statut de la connaissance.

Embarras égologiques d'Arthur Schopenhauer

1. Le temps, la temporalité, en Inde, ne sauraient être ceux du génie de la seule espèce humaine. Cette passion égologique, égocentrique, est étrangère aux diverses traditions de l'Inde. L'homme n'y est jamais au centre, mais il n'est pas non plus « moindre que », « moins bien que », tel animal par exemple, selon les énoncés de Schopenhauer. L'homme *est* et, en tant qu'il est, il se doit d'être au service de la temporalité macro- ou micro-cosmique. Les Veda, les Upanishad, le yoga ont pour fonction principale d'assurer l'articulation de l'instant à l'immortalité ou l'éternité. Tantôt il s'agit surtout de constituer ou de créer une unité macrocosmique par des rites relatifs aux jours, aux saisons, aux années, rites pratiqués entre autres par les brahmanes ; tantôt l'accent est mis sur la réalisation d'une unité ou immortalité, voire éternité, individuelle par la maîtrise des souffles grâce en particulier au yoga, mais aussi aux Upanishad[1].

---

1. Cf. Lilian Silburn, *Instant et Cause*, Vrin, 1955, rééd. De Boccard, 1989.

Rien de plus étranger aux traditions de l'Inde que le pathos métaphysique de la reproduction. Ce ne pourrait être qu'une traduction occidentale du respect de la vie si celle-ci évoquait le bonheur. Mais cela ne revient pas au même. Ainsi les dieux védiques, les brahmanes, les yogi se soucient du maintien de la vie de l'univers et de celle de leur corps en tant que nature cosmique. Ils s'en soucient à chaque instant. Leur tâche est d'articuler une continuité entre le présent et l'immortalité ou l'éternité. La question que je poserais à ce propos c'est : pourquoi le temps présent est-il perçu comme discontinu ? Ou : à partir de quoi ou de quand l'est-il ? Par qui ? Je vais y revenir. Je voulais souligner que, contrairement aux traditions de l'Inde, le temps de la vie, selon Schopenhauer, n'est plus qu'une survie abstraite de l'espèce dont la cause se situe avant ma naissance ou après ma mort. Le présent n'y est plus qu'une temporalité passivement subie et malheureuse entre ces deux moments qui échappent à mon vouloir mais le déterminent, à moins qu'il ne soit un cadre a priori. Pas de présent ni de présence pour Schopenhauer. Les dieux de l'Inde, les brahmanes, les yogi sont, au contraire, dans le présent ou ils en partent et cherchent le moyen de réparer, rétablir, un temps cosmique déchiré, par la constitution de l'immortalité ou de l'éternité pour l'univers et pour soi.

2. Cela, je peux essayer de le faire entendre spéculativement. Pour le comprendre ou plutôt le réaliser effectivement, il convient de *faire*, d'*agir*. Cela ne signifie pas le recours à quelque secte ou initiation plus ou moins inaccessibles ou occultes. Certes, il faut apprendre la pratique de qui la connaît. Il en va de même pour la philosophie ou la grammaire dans notre civilisation. Ce que j'ai voulu signaler, c'est que le présent, la temporalité, le rapport entre instant et immortalité ou éternité se constituent par des *actes*, et non seulement des paroles, des conventions logiques et grammaticales, du sens déjà codé, des a priori, etc. Ces actes que réalisent certains brahmanes ou les yogi, par exemple, ne sont pas ritualisés au sens où nous avons tendance à l'entendre. Ainsi, ils ne sont pas simplement répétitifs. Ils n'obtiennent l'efficacité recherchée — soit le passage entre présent, passé et futur — que s'ils sont bien faits, bien articulés et bien

articulants. Ils varient donc d'un jour à l'autre, car le temps présent change d'un jour à l'autre. Ce que nous pourrions interpréter comme ritualisme ou ascèse ennuyeuse signifie, pour ces pratiquants, l'accomplissement d'actes, de gestes, justes pour articuler le corps à l'univers, l'instant à la durée, etc. Ils visent une plénitude, l'obtention du statut d'immortels en surmontant la discontinuité du temps; ils sont une contribution au bonheur du soi et du monde par l'exercice de pratiques quotidiennes. Pourquoi quotidiennes? Parce que le jour est l'unité de mesure. La saison est une autre unité, l'année encore une autre.

Nous sommes peu habitués à entendre ce discours concernant l'Inde parce que notre tradition, depuis l'âge d'or des Grecs en particulier, a rompu la continuité entre micro- et macrocosme. La philosophie, la religion (à part la liturgie célébrant les temps de l'année?), la langue, le progrès y sont devenus constructions d'un sujet socio-logique coupé de son enracinement cosmologique, bio-logique. Autrement dit, la science, le savoir y sont généralement relatifs à un statut social de l'individu et non à l'articulation entre micro- et macro-cosme, corps et univers, temporalité physique et spirituelle, présent et éternité, etc. Ce que nous appelons métaphysique correspond, dans son versant négatif, à une immolation inconsidérée du corps et de l'univers à un savoir codé et codable hors d'un acte *présent*, à une vérité valable en tous temps et tous lieux.

Cette immolation s'accompagne de la déchéance du caractère divin de la différence sexuelle, de la destruction des traditions religieuses féminines et des rapports culturels, cultuels, entre mères et filles et entre femmes. Ceci au bénéfice des seules généalogies masculines.

L'aspect positif invoqué est l'établissement d'une démocratie. Je pense qu'il faudrait très rigoureusement réfléchir aux moyens destructeurs employés pour l'établissement de cette démocratie, au fait qu'elle signifie la substitution d'un pouvoir public s'exerçant entre les seuls hommes à une socialité où tous les humains participent à la gestion de l'ordre civil et religieux.

Une démocratie, où seuls les hommes exercent le pouvoir et élisent les responsables de la cité, est, dès l'origine, non démocratique. Nous n'avons pas fini d'en constater les retombées des-

tructrices et les impasses, y compris dans la disso-
ciation entre les discours tenus, tenables et les
actes pratiqués. Y compris aussi dans les déca-
lages entre la vérité codée et les exigences de
notre époque.

3. En Inde, du moins selon la tradition, la
parole reste geste, en particulier phonatoire, et les
actes, les mouvements, ne peuvent s'en séparer.
Nous l'avons oublié à cause des censures et
refoulements patriarcaux opérés sur le rapport de
la vérité au corporel, au sexué, au macrocosme.
Le Bouddha, le bouddhisme surtout servent parfois à cet oubli et à une mécompréhension de la
tradition de l'Inde, y compris dans le sens d'un
pessimisme nihiliste. Il est vrai que le Bouddha
part de ce qui ne va pas dans le présent pour s'en
affranchir, s'en détacher. Mais cela n'implique
pas un jugement négatif sur le présent ni sur la
vie, bien au contraire. Le renoncement, pour le
Bouddha, représente la voie d'accès au continu et
à l'harmonie. Pratiquer le renoncement signifie,
pour lui, non pas se sacrifier à une hypothétique
immortalité ou éternité mais les réaliser ici
maintenant. Une telle œuvre ne peut s'effectuer
de manière purement spéculative, autre erreur

occidentale dans l'interprétation de l'enseigne-ment du Bouddha. Celui-ci ne se sépare jamais de l'économie de l'univers vivant, notamment végétal. S'il renonce — du moins selon notre optique —, c'est parce que les objets de convoitise, les corrélats objectifs de mes désirs subjectifs, font écran à l'harmonie avec le souffle universel. Ils me déchirent en morceaux. La quête du Bouddha me semble correspondre à la recherche d'une communion continue avec la respiration du macrocosme. Pour atteindre semblable fluidité, le Bouddha renonce à la ponctualité, à la discontinuité, des objets et d'ailleurs des discours. Il tente de devenir pur sujet mais sur un mode oublié de nous : pur sujet veut dire ici souffle accordé aux souffles de l'univers vivant tout entier. Si douleur à vivre il y a, c'est que cette communication ou communion universelle et continue est difficile à réaliser. Il n'est pas question, pour autant, de souhaiter la mort car si celle-ci advient avant cette éducation du souffle, du sujet comme souffle, elle entraîne des retours en arrière où tout serait à recommencer, et pire...

Mais le Bouddha ne peut se comprendre sans les dieux védiques, les brahmanes, les Upanishad, le yoga, etc. Nous en faisons un produit d'exportation abstrait de sa pratique, de sa vérité, si nous l'extrapolons inconsidérément des lieux et temps de son avènement. Nous le mésinterprétons aussi si nous le réduisons au discours — y compris en l'utilisant pour critiquer la discursivité occidentale — en oubliant ses gestes. Le Bouddha se fait gestes. Il renonce même à parler, sans doute parce que parler s'harmonise difficilement à respirer — sauf dans le chant et la poésie? — et y apporte de la discontinuité. De plus, parler suppose généralement un objet de parole. Or le Bouddha renonce à tout objet, celui-ci étant toujours partiel, non absolu, générateur de conflits, de douleurs.

4. Mais renoncer aux objets, encore une fois, ne signifie pas renoncer à la vie. Le temps de la vie, dans la plupart des traditions de l'Inde (qui correspondent à l'évolution d'une seule pensée dont l'enjeu est justement la question du temps), correspond au temps de la culture de ma vie en harmonie avec celle de l'univers. Les philosophies et/ou les religions se présentent en Inde comme des *pratiques* dont l'intention est de vivre le plus heureux possible grâce au renoncement à

ce qui empêche de vivre, en particulier en harmonie avec l'univers vivant, son passé, son présent et son futur. Ces pratiques visent, entre autres ou principalement, à réaliser l'immortalité ou l'éternité du soi et du monde ici maintenant. Ce sens des pratiques philosophiques et religieuses de tradition indienne est la plupart du temps incompris, notamment en ce qui concerne le temps de la vie et son économie cherchant à atteindre le bonheur absolu de l'immortalité ou de l'éternité ici-bas. Le détachement a pour but la cessation du malheur, de l'illusion liée au caractère *partiel* de la vérité. Les pratiques philosophiques et religieuses ne sont pas sans intention comme cela nous est souvent présenté, comme nous risquons de l'imaginer ; elles sont, au contraire, évaluées en fonction de leur efficacité. Mais leur intention doit s'entendre en un sens différent de celui que nous donnons généralement à ce mot. L'intention ne vise pas un objet ou un projet extérieurs en vue d'une appropriation, d'une consommation ou d'une possession. L'intention a pour objectif la constitution d'une intériorité accomplie qui demeure liée et en communion constante avec le tout du monde.

Si vous avez de la peine à saisir ce dont il est question, peut-être la contemplation de certaines figurations du Bouddha en méditation pourra vous transmettre quelque chose de la nature de son intention.

5. Ces quelques éléments de la tradition de l'Inde semblent assez divergents de l'usage qu'en fait Schopenhauer. Pourtant je les ai choisis en écho avec ce qu'il cite de cette culture. Je n'ai pas parlé de Vishnu, de Krishna, de Shiva et de leurs amours, par exemple. Or ces représentations philosophico-religieuses ne sont pas moins importantes que les autres, y compris dans les pratiques populaires mais aussi dans celles de certains brahmanes et yogi de l'Inde d'aujourd'hui. Elles sont plus proches des cultures aborigènes féminines, donc plus étrangères encore au philosophe occidental que le Bouddha. Mais déjà, dans ce que Schopenhauer reprend de la tradition hindoue, certains malentendus paraissent évidents :

— Il ne peut être question, dans cette culture, de sacrifier l'individu à l'espèce. Tout vivant — humain, animal, végétal, élément de l'univers — y est considéré avec un très grand respect. Par ailleurs, les hindous n'ont en rien le culte de la reproduction. Le couple amoureux qu'ils forment reproduit généralement deux enfants par considération pour l'ordre du vivant. Ils sont deux et engendrent deux enfants. C'est leur contribution au temps du monde : mortel et immortel. Enfin les hindous ont le culte de l'individuation comme corps, comme soi, mais non comme ego. Or le génie de l'espèce de Shopenhauer n'est-il pas, en fait, égologique ?

— L'espèce, selon les traditions de l'Inde, ne saurait se réduire à un genre, ni le génie de l'espèce humaine au genre masculin. Les dieux, y compris le dieu des dieux, Vishnu, créent l'univers avec leurs amantes. C'est leurs amours qui engendrent micro- et macro-cosme, c'est leurs malheurs amoureux qui les détruisent. Les deux sont évoqués en couple, enlacés, et en relation avec les éléments de l'univers. Ceux-ci sont représentés comme extérieurs mais liés à une partie du corps : ainsi Vishnu a souvent un pied dans l'eau et Shiva du feu dans la main.

Certes il y a, en Inde, des tensions entre les cultures aborigènes féminines et les cultures aryennes patriarcales. Il est significatif que la philosophie occidentale ne reprenne généralement que les éléments les plus aryens de la tradition indienne. Au lieu de transformer cette erreur en procès entre hommes, il semblerait plus utile d'entendre qu'il s'agit toujours d'un choix d'hommes au détriment de cultures pré-patriarcales encore vivantes en Inde. Si l'on s'en tient à des querelles théoriques et politiques entre hommes, rien ne permet de sortir des conflits, aussi meurtriers soient-ils. Il manque ce tiers médiateur dont les cultures pré-patriarcales de l'Inde manifestent encore aujourd'hui l'existence réelle.

6. Ainsi Brahma, invoqué par certains intellectuels occidentaux comme le lieu par excellence du neutre, ne peut être identifié que par sa place relativement au couple des autres dieux, en particulier dans la géographie corporelle. Brahma se situe au sommet. Il est le dernier-né de la généalogie divine, enfant de Shiva et d'Uma Parvati, peut-être. Mais :

— Brahma est souvent figuré comme un enfant (ainsi en va-t-il de Krishna et de Jésus). Les dieux de la tête, qui nous ont été représentés comme excellence de l'intelligence masculine et le lieu de son autorité sur le corps féminin, sont de plus en plus figurés comme garçons au fur et à mesure de la patriarcalisation de l'Histoire, mais ce sont des enfants ou des adolescents. Les dieux du verbe n'auraient pas encore acquis leurs formes achevées, notamment humaines, notamment sexuées. Ils sont encore des enfants, peu définis sexuellement (Krishna a un aspect très féminin et Jésus est parfois défini comme le plus féminin de tous les hommes).

— Brahma est aussi représenté comme un hybride d'autres règnes et de l'espèce humaine. Ainsi est-il parfois évoqué comme fleur, né du lotus. A ce propos, il conviendrait de rappeler à Schopenhauer le mode de reproduction du végétal. Il est involontaire, tributaire d'autres espèces ou d'autres règnes : les papillons, les insectes ou les vents, par exemple.

— Brahma est assisté d'un oiseau, comme la plupart des pratiquants de la tradition de l'Inde (entre le Père et le Fils, entre Marie et Jésus également, l'esprit est ainsi figuré).

— Brahma craint les éléments naturels, en particulier le vent. Quand le dieu des vents, Vayu, le menace ou menace, il se réfugie dans un brin d'herbe; il reprend racine. Il n'argumente plus. Il renonce à ses sommets. Il retourne en terre (le vent est un autre attribut de l'esprit).

— Brahma pose des questions. Son génie n'est pas de tout savoir mais d'être capable d'une question de plus. Loin d'être dans la certitude, Brahma reste toujours dans le questionnement. Brahma ne représente en aucun cas un universel neutre extrapolable de son contexte, abstrait de l'univers — une abstraction universalisable parce que neutre. Brahma n'existe que par la capacité à poser une question au-delà de ce qui existe déjà, car ainsi il assure le devenir, notamment entre air et éther. Le génie de Brahma est l'art de poser des questions, et non celui d'élaborer un système clos. En cela Brahma est fidèle à la temporalité de la croissance naturelle, dont la plus grande part des pratiques indiennes ne peuvent s'écarter. Certes, Brahma est supposé assurer une jonction entre la terre et le ciel, mais cette médiation reste incarnée. Elle est enfant, fleur, brin d'herbe, élément de l'univers. Elle est aussi reliée au monde animal par l'oiseau. Elle est soumise au règne macrocosmique, notamment au vouloir des souffles. De plus, cette médiation est toujours en devenir, toujours en forme de question. La médiation selon Brahma ne saurait s'exercer une fois pour toutes. Vouloir et intelligence sont en perpétuelles croissance et interaction. Brahma veut assurer le passage de l'air à l'éther. Il ne le peut que par la médiation de questions. Si son vouloir outrepasse son intelligence, Vayu se fâche. Brahma doit redevenir brin d'herbe, végétal, pour sauver sa vie, la vie, l'intelligence.

Génie de l'espèce et tradition hindoue

Le génie de l'espèce, selon Schopenhauer, a un rapport aux traditions de l'Inde en tant qu'il n'oublie pas le physiologique au profit d'une vérité discursive soi-disant valable pour tous, toutes et tout. Mais ce biologique ou physiologique, il n'en reprend qu'une part; ce qui en fausse la vérité.

Le génie de l'espèce est pré-hindou — si cela peut se dire — dans la mesure où il est pessimiste en ce qui concerne l'individuation humaine. Cela se marque en deux points surtout :

— Le devenir humain, selon Schopenhauer, n'est pas forcément meilleur que le devenir animal. Respectant toutes les incarnations de la vie, l'Indien ne met pas pour autant celles-ci sur le même plan car *nous devons devenir dieux* en tant qu'hommes et femmes. Pour ce devenir, il y a des étapes, une temporalité, correspondant notamment à la spiritualisation progressive des diverses parties du corps. Celle-ci peut se réaliser avec un pratiquant plus expérimenté, seul(e) ou en couple. Il y a toujours une part du devenir qui demeure solitaire, liée à l'individuation.

— Il n'y a pas spiritualisation du corps chez Schopenhauer. Ce manque va de pair, me semble-t-il, avec son impression que la souffrance est inévitable, avec son mépris du genre féminin, avec son rapport à la mort, avec ses passions exaspérées (manifestes dans sa correspondance avec Goethe, par exemple). Certes, Schopenhauer serait incroyant. Mais il cherche à établir une transcendance et il n'en trouve pas d'autre que celle de l'espèce humaine comme espèce. Il se cherche, à la manière de l'Inde, une transcendance pour une part immanente. A celle-ci, il est obligé de sacrifier l'individuation et toutes formes de devenir spirituel. Il me semble que Schopenhauer aurait pu apprendre des traditions de l'Inde que le divin ne se situe pas dans une transcendance inaccessible. Il est ce que je deviens, ce que je crée. Je deviens et je crée le(s) dieu(x) entre l'immanence et la transcendance. Cette rupture entre immanence et transcendance est due, semble-t-il, à : 1. la constitution du divin comme logos ayant tout pouvoir sur l'univers naturel, bien qu'il soit produit par une part seulement de cet univers, à un moment de son histoire, 2. la libération du souci pour chacun et chacune de réaliser chaque jour le passage du microcosme au macrocosme, du mortel à l'immortel, du déchirement à l'unité, 3. la substitution, à la génération continue du monde dans sa dimension matérielle et spirituelle, de la création d'une totalité potentiellement achevée par un Dieu désigné comme appartenant au genre masculin.

Le génie de l'espèce serait encore pré-hindou dans la mesure où il méconnaît que l'accomplissement de l'espèce humaine, sa non-régression à l'animalité, ne peut se faire que par la divinisation des deux genres humains : hommes et femmes (et non seulement comme mère et fils) et leur amour à la fois charnel et spirituel.

Il semble que Schopenhauer doute de l'immortalité de l'espèce humaine. Cette incertitude, qui se transforme en vouloir métaphysique, ne provient-elle pas de la volonté de (se) reproduire comme pathos masculin, s'exerçant hors de tout amour et reconnaissance d'un genre féminin capable de transcendance.

Stratifications nécessaires au temps de la vie

Cette transcendance du féminin comme genre est apparentée au temps du règne végétal, plantes et fleurs, au règne animal par l'oiseau, à l'économie universelle par la terre, l'eau et le vent. Si Aristote laisse la femme au mieux au monde végétal, au pire au chaos et au vide, ce n'est pas un hasard. Mais, même ce rapport du plus spéculatif au plus végétal, du plus végétal au plus spéculatif dont témoigne encore Brahma et qui atteste — en termes grecs — que *ulè*, *dunamis* et *morphè* ne peuvent se séparer, ce rapport nous est devenu étranger. La mort à laquelle s'intéresse le philosophe est sans doute le symptôme de cette interruption de croissance et d'épanouissement de la matière dont le féminin, en particulier, est victime du fait du manque de subjectivation de sa nature.

En philosophie occidentale, la pensée du monde comme monde vivant n'existe plus. Et la pensée de la différence sexuelle non plus. Logos est supposé exprimer cosmos et rendre compte de tout étant, y compris des dieux. Cela a rendu la vérité a priori intemporelle et figée. La vérité doit être, une fois pour toutes, immortelle ou éternelle : immortelle pour les idées et les dieux, éternelle pour le Dieu.

Diverses strates nécessaires à la constitution du temps sont donc abolies. Ainsi :

1. Le temps de la vie est toujours pour une part *cyclique*, comme le temps des saisons et de l'univers végétal ou végétatif. Or la philosophie se dissocie en philosophie du fluent, de l'intemporel ou du cyclique sans percevoir qu'il s'agit de choix peu conscients par rapport au temps de la vie.

De même, le caractère cyclique de la sexualité féminine est peu apprécié par les tenants de la vérité, comme celui des cycles de la lune et même de la terre. Et les modèles relatifs à la sexualité masculine qualifient son énergie de réversible avec retour à l'homéostasie, soit d'immuable.

2. Le temps de la vie est pour une part *croissance*. Le végétal reste lié au cyclique et à la croissance. Ce devenir de la vie a été figé dans des formes définitives. Il réapparaît sous forme de comparaisons, échelles de valeurs, etc.

3. Le temps de la vie est *irréversible*. Ce qui est aussi, pour une part, nié par les philosophies occidentales.

4. Le temps de la vie y est devenu effet de conventions et d'organisations sociales, de projections socio-logiques sur la réalité vivante :

a) soumission à l'ordre généalogique patriarcal, se substituant à l'engendrement naturel : cosmique ou maternel ;

b) organisation sociale et politique des humains entre eux — ce qui a signifié en fait des hommes entre eux — fondée à partir de rites sacrificiels et non à partir de rythmes cosmologiques ;

c) substitution au devenir du monde vivant dans son ensemble de la reproduction de l'espèce humaine ;

d) instauration de l'Histoire comme temps

humain cumulatif mais non forcément évolutif; ce qui entraîne désordre, entropie, chaos.

Le temps de la vie est devenu une temporalité socio-logique fondée sur une deuxième (ou double) nature de l'homme qui lui a fait perdre son rapport au monde vivant. Les femmes sont supposées en assurer la garde tandis que les hommes vaquent au travail d'un universel sans substrat naturel sinon arbitraire, construit par une part de l'humanité. Ce qui assure cette temporalité artificielle et déchirée, ce sont des structures logiques fondées en particulier sur les principes d'identité et ressemblance, sur le principe de non-contradiction, soit sur la définition d'une deuxième nature dont les pôles ne sont plus le jour et la nuit, les saisons, les âges de la vie, mais, au mieux, le balancement du vrai au faux, d'un clair à un obscur dits spirituels, d'un jour spéculatif à sa nuit.

Ces écartèlements et balancements n'ont plus rien de ce pendule de l'univers que nous sommes, en particulier par nos oreilles. Cela, le Bouddha le savait — et peut-être tous les Bodhisattva. Il a dû l'apprendre en méditant sous l'arbre, en spiritualisant ses sens, en s'initiant au prix de la compassion.

Car l'enjeu des traditions indiennes — mais pas seulement indiennes —, outre le passage du présent à l'immortalité ou à l'éternité, est la question corrélative de la pesanteur ou apesanteur des corps. Cette question demande beaucoup de sagesse et d'amour pour commencer à se percevoir. Elle exige de penser et pratiquer deux pôles d'attraction :

— celui qui me lie aux attractions cosmologiques, notamment à la pesanteur terrestre mais aussi à l'attraction solaire ou lunaire ;

— celui qui me lie aux autres, en particulier à l'autre de la différence sexuelle.

Mais de cet attrait ou attraction, élément important de la sagesse et de la divinité, nous ne savons encore presque rien.

La fréquentation de la tradition de l'Inde peut, ici, nous mettre ou nous remettre en chemin ou, du moins, en questions.

ENSEIGNEMENTS ORIENTAUX

Exposer ce que m'a apporté — et pas apporté — la culture occidentale et ce que m'ont apporté — et pas apporté — la pratique du yoga et sa tradition, n'est pas une tâche simple à réaliser. Dans le devenir d'une vie, il n'est pas toujours facile, en effet, de distinguer ce qui vient d'une source et ce qui vient d'une autre. Je vais cependant essayer de formuler — à la demande de François Lorin à qui je dois beaucoup des connaissances acquises grâce au yoga — quelques apports et carences de cette tradition qui me semblent assez clairement identifiables par moi à ce jour, au niveau d'expériences et de savoirs qui sont miens.

Ce que m'a enseigné (ou rappelé) le yoga

Ce que j'ai appris du yoga — au-delà ou en deçà de ma culture occidentale — sont des choses à la fois très simples et très subtiles de l'existence.

Respirer et parler

D'abord, j'ai appris à respirer. Respirer, selon moi, correspond à prendre en charge sa propre vie. Seule la mère, pendant la gestation, respire à la place de l'enfant. Après la naissance, qui ne respire pas, ne respecte pas sa propre vie et prend de l'air à l'autre, aux autres. Respirer est donc un devoir vis-à-vis de ma vie, de celle des autres, de l'ensemble du monde vivant. La plupart des personnes ne se ménageant pas le temps de respirer à notre époque, il est nécessaire — en tout cas, il m'est nécessaire, mais je pense que cette nécessité est générale — de se promener ou de demeurer un moment chaque jour dans le monde végétal pour continuer à respirer et à vivre en dehors de l'exploitation sociale ambiante.

Il est nécessaire aussi de comprendre les relations entre la respiration et les autres actes, en particulier l'acte de la parole. Respirer et parler utilisent le souffle de manière quasiment inverse, en tout cas pour la plupart des personnes. De ce point de vue, il est intéressant de noter que les personnes qui ne respirent pas, ou qui respirent mal, ne peuvent pas s'arrêter de parler. C'est leur manière de respirer, et notamment d'expirer pour reprendre souffle. Fréquemment, elles paralysent aussi l'inspiration de qui prend un souci corporel et spirituel de son souffle, du souffle des autres. Rester silencieusement attentif au souffle revient à respecter (ce) qui existe et à se réserver la possibilité de naître et de créer.

A ce propos, il importe de méditer sur le fait qu'une spiritualité ou une religion centrée sur la parole, sans insistance sur le souffle et le silence qui la rendent possible, risque d'entretenir un non-respect de la vie. Dans de telles traditions, le fait d'utiliser le souffle pour définir des paroles plus ou moins définitives, d'utiliser la nature et les corps vivants pour élaborer un culte social devient destructeur par manque de reconnaissance et de régénérescence de cet apport de vie. De telles théories ou pratiques spirituelles et religieuses deviennent vite autoritaires par immobilisation du souffle. Elles deviennent dogmatiques par oubli du don venant du monde vivant — en particulier végétal — et des corps humains — en particulier féminins. Malheureusement la plupart des traditions philosophiques et religieuses patriarcales sont ainsi : elles ont substitué les paroles à la vie sans accomplir les liens nécessaires entre les deux. Or ces liens seraient ce qui permettrait de conserver, régénérer, féconder réciproquement la vie et la parole.

En voici un exemple que les personnes de tradition chrétienne connaissent bien. L'Annonciation, qui précède la naissance de Jésus, peut être interprétée au moins de deux manières différentes : comme la substitution de la parole du Père céleste aux relations corporelles, notamment de souffle, entre deux amants ou comme le fait que, pour engendrer un enfant spirituel — un possible sauveur du monde —, la conception de celui-ci doit être précédée d'une annonce par la parole et d'une réponse de Marie. Il n'est pas question alors de naissance miraculeuse d'une femme qui aurait gardé son hymen, mais d'un engendrement précédé d'un échange de souffle et de paroles entre les futurs amants et parents. L'ange, l'oiseau, le rayon de soleil, la parole, figurent les médiations entre le corps de Marie et celui du Seigneur. Toutes ces médiations manifestent des rapports entre le corps et la parole sans substitution de l'une à l'autre, comme un certain type d'enseignement voudrait nous le faire « croire ». Elles signifient qu'un engendrement spirituel ne peut avoir lieu sans la mise en jeu du souffle et de l'expression maîtrisée de celui-ci entre les amants. La récitation actuelle de la « salutation angélique » apparaît, de ce point de vue, partiellement erronée en ce sens que les paroles ne respectent pas la question du messager à Marie : « Veux-tu être la mère du/d'un sauveur ? » Sans cette question, l'Annonciation risque d'évoquer l'imposition d'un ordre patriarcal à une adolescente vierge liée à un autre homme : « Marie, le Seigneur te fait savoir que tu seras la mère de son enfant. » Il n'y a plus, dans ce cas, deux personnes : Marie devient le simple véhicule au service de l'enfantement du fils d'un Dieu-Père. Mais, s'il n'y a plus deux personnes, il n'y a plus de respect du souffle entre elles, ni de respect de la virginité spirituelle de Marie. La première interprétation, proche des traditions aborigènes féminines (y compris par le caractère nécessairement oral de l'annonce), me semble plus apte à traduire un message spirituel, qui se serait ensuite oublié et assujetti au pouvoir autoritaire d'une parole supposée devoir supplanter le corps et non le diviniser comme tel.

Malheureusement, les traditions patriarcales ont progressivement relayé la vie par la parole sans assurer entre l'une et l'autre des relations capables de les féconder l'une par l'autre. La prolifération incontrôlée des techniques, l'urbanisation insalubre, la pollution de l'univers, la soumission à l'argent, les guerres, y compris idéologiques, s'en sont suivies. Et aussi la sclérose progressive du mental et du physique.

Dans le passage des traditions qui respectent le souffle à celles qui (se) soumettent à la parole sans souci du souffle, le mode de parler a évolué du dire poétique, du chant hymnique, de la prière de louange aux discours ou textes déjà écrits, souvent à l'impératif, s'adressant à l'individu dans son rapport au social plus qu'au cosmos, individu dont le paradigme est l'homme adulte soumis à l'autorité de dieux de son genre, souvent absents. Le devenir le plus spirituel proposé alors à la femme est qu'elle aussi puisse être homme... Dans nos temps égalitaristes, on peut noter le retour, y compris de la part de certaines féministes, aux textes religieux qui n'annoncent rien de mieux aux femmes que d'être égales aux hommes! Je rapprocherais, à cette occasion, l'oubli des traditions aborigènes féminines, notamment de l'Inde, de la soumission des femmes au pouvoir patriarcal dans l'horizon duquel l'idéal, pour elles, serait de devenir hommes.

Dans cet horizon patriarcal, l'usage même de la parole, la circulation du souffle ont donc changé. La parole s'est trouvée soumise au rituel, à la répétition, à la spéculation. Elle a été déracinée de son engendrement présent, en rapport avec le reste de l'énergie du corps et du monde qui l'entoure. Ainsi l'écriture d'un poème, le chant de louange — éventuellement adressé à la nature, à l'amant(e), à une divinité que nous incarnons ou pourrions incarner — utilisent la respiration de manière autre que l'obéissance à une parole ou un texte déjà écrits, exprimant des ordres, des lois, plus que des louanges, des grâces. Dans le premier cas, nous demeurons plus proches des divinités qui gardent la vie et la cultivent. Nous sommes ces dieux ou déesses qui protègent, engendrent ou déploient la vie, divinités toujours liées à la nature et non simplement produites ou élues par un peuple ou une société.

En ce qui me concerne, la conscience d'être une femme, le désir de le rester et de le devenir spirituellement ont trouvé dans la pratique du yoga et la lecture de certains textes anciens de cette tradition une aide pour interpréter ma tradition, plus patriarcale, et pour renouer avec une culture refoulée qui me correspond mieux. Une telle culture fait défaut aujourd'hui pour la spiritualisation d'une société faite d'hommes et de femmes et, en particulier, pour la spiritualisation de l'amour entre eux : au niveau du couple ou de la société, un amour restant en harmonie avec l'univers naturel vivant qui nous sert de lieu d'existence et de régénération.

Respecter et cultiver les perceptions sensibles

Dans les traditions patriarcales, la vie individuelle et collective veut, et croit pouvoir, s'organiser en dehors de l'ambiance du monde naturel. Le corps — appelé aussi microscome — est alors coupé de l'univers — appelé, lui, macroscosme. Il est plié à des règles sociologiques, à des rythmes étrangers à sa sensibilité, à ses perceptions vivantes : le jour et la nuit, les saisons, la croissance végétale... Cela signifie que les participations à la lumière, aux bruits ou aux musiques, aux odeurs, aux touchers voire aux goûts naturels ne sont plus cultivées comme qualités humaines. Le corps n'est plus éduqué à développer spirituellement ses perceptions mais à se détacher du sensible pour une culture plus abstraite, plus spéculative et plus sociologique.

Le yoga m'a appris à revenir à la culture de la perception sensible. En fait, je l'ai toujours aimée. Depuis mon enfance, la nature m'a aidée et m'a appris à vivre. Mais le yoga m'a ramenée à ce goût avec des textes qui me conduisent, de l'innocence des sensations, à une élaboration spirituelle qui en permet le devenir, et parfois la communication ou le partage.

Certes, la culture occidentale a produit un art qui double, en quelque sorte, les apports naturels : peinture, musique, art de la cuisine, etc. Mais il semble que l'art ne puisse pas se substituer à l'expérience de perceptions naturelles. Il peut aider à supporter l'absence de cet apport sans prétendre le remplacer. Par exemple, la nuit, quand les oiseaux dorment, écouter de la musique est bon. Mais la musique ne correspond pas au présent vivant du chant des oiseaux. Elle est peut-être plus en un sens, mais moins en un autre. Elle est le plus souvent déjà répétition, à moins d'improvisation, notamment vocale, unique. C'est rare. Et, de plus, il est possible que les humains aient perdu la capacité qu'ont les oiseaux de chanter en harmonie avec l'état de l'univers, de célébrer la nature telle qu'elle est dans l'instant.

Autre aspect : la mystique occidentale a cultivé les perceptions au second degré. Elle parle d'un toucher, d'un goût de l'« âme », par exemple.

Mais ces découvertes spirituelles, acquises souvent au prix de grandes souffrances, ne me semblent pas devoir se substituer à la culture des perceptions sensibles. Apprendre à écouter de beaux sons, à contempler de belles couleurs, à goûter de bons produits de la terre aide à devenir spirituel. Je préfère ce chemin, non sacrificiel, à un autre. Et nous n'avons pas assez d'une existence pour éduquer nos facultés sensibles. Pourquoi les brimer pour un hypothétique au-delà? Cela m'apparaît aujourd'hui peu saint ou peu sage. Et la transformation de mon corps en corps spirituel me semble beaucoup plus valable que l'accès à une science, y compris de Dieu, qui méprise le corps et qui l'entraîne dans des voies de souffrances inutiles et stériles.

Pour cultiver le corps, rester proche des rythmes cosmiques est nécessaire. La liturgie et les ordres monastiques chrétiens l'ont su. Cette dimension s'oublie malheureusement trop souvent. Ainsi, encore une fois, pourquoi parler de « nuit », de « sécheresse », d'« hiver » spirituels en négligeant l'impact sur nous de la « nuit », de la « sécheresse », de l'« hiver » réels? Tout ce langage métaphorique entraîne beaucoup d'errances mortifères.

Apprendre et enseigner

Un autre point que m'a appris ou a éclairé en moi le yoga est la nécessité d'un lien vivant entre l'enseignant et l'enseigné. La tradition occidentale a souvent voulu dissocier l'un de l'autre. L'éducation y est assimilée à l'apprentissage ou à la lecture de textes, dont les auteurs morts sont souvent plus appréciés que les vivants. Elle est soumise à l'écriture avec une part minime de transmission réellement orale. Elle fait de l'enseignant un véhicule aseptique et — soi-disant — neutre de la culture qu'il/elle transmet.

Selon moi apprendre, dans le meilleur des cas, c'est apprendre à partir de l'expérience de quelqu'un. Enseigner, c'est transmettre une expérience. Ce qui est enseigné est garanti par la vie de qui enseigne, et par celle de ses propres maîtres. Ainsi s'élabore un savoir concret et spirituel, savoir utile à une culture de la vie, dont la vie de l'enseignant lui-même reste la caution de vérité, d'éthique et même d'esthétique. Cette pratique de l'enseignement constitue une généalogie à la fois naturelle et culturelle. Dans certaines familles, le savoir se transmet de père en fils, de mère en fille, de père en fille, de mère en fils. Dans d'autres lignées culturelles, la transmission se fait hors de la famille naturelle, de maître à disciple. Mais, restant liée à l'expérience, elle engendre une sorte de milieu à la fois naturel, sensible et spirituel où circule le savoir du passé et où s'élabore celui du présent et du futur. En effet, une culture liée à l'expérience ne peut se réduire à la répétition d'un corpus déjà écrit. Elle évolue, ne fût-ce qu'en fonction de l'évolution de l'univers, mais aussi dans la manière de penser l'articulation entre l'histoire cosmique et celle des vivants, en particulier humains, de ce monde.

Pour que la transmission de la culture soit correcte, il est nécessaire de remarquer les différences entre ce que peuvent nous apprendre l'expérience des femmes et celle des hommes, sans privilégier l'enseignement venant d'un sexe ou d'un genre. En effet, il n'est pas exact que le savoir soit indifférent au sexe ni au genre.

L'expérience la plus quotidienne nous l'apprend mais aussi la connaissance de la tradition, y compris celle du yoga. L'expérience corporelle et spirituelle d'une femme est singulière, ce qu'elle peut en apprendre à sa fille et à son fils n'est pas la même chose. Effacer cet apport de la transmission de la culture, c'est en falsifier la vérité et la valeur. C'est aussi contribuer à ce que l'enseignement devienne de plus en plus rituel, spéculatif, magique, lié au culte du père et aux divinités exclusivement célestes, construites par l'esprit des peuples d'hommes comme cautions incorporelles, et même intemporelles, des textes et lois organisant leurs sociétés. Il ne s'agit donc plus de divinités humaines vivantes, de dieux et dieues parmi nous comme il en existe dans les traditions aborigènes féminines et ce qu'il en subsiste, mais d'absolus récapitulant une époque de l'Histoire pour en rassembler, organiser, rationaliser les multiples dimensions. Un enseignement lié à la vie terrestre, au sensible, au concret, et soucieux d'en cultiver la fécondité et les qualités spirituelles, divines, mystiques, est un mode de transmission plus fidèle aux plus anciennes traditions, notamment celles du yoga. Celles-ci sont féminines, ce qui ne signifie pas maternelles. L'accent mis sur la seule maternité de la femme est plutôt une perspective masculine dans l'évolution de la tradition.

Vivre spirituellement le corps et la chair

Ce mode différent d'aborder la vie, les autres, l'enseignement — que j'ai appris ou réappris du yoga — suppose et accompagne une expérience singulière du corps. Il m'a souvent été dit que je devais vaincre mon corps, que je devais le soumettre à l'esprit. Le devenir de l'esprit m'était présenté sous forme de textes philosophiques ou religieux, d'impératifs abstraits, d'un/de Dieu(x) absent(s), au mieux de politesse et d'amour. Mais pourquoi l'amour ne pourrait-il s'accomplir dans le respect et la culture de mon/nos corps ? Il me semble que cette dimension du devenir humain est indispensable. A force de mépris ou d'oubli du corps, ce qu'il en reste dans nos traditions est souvent réduit à des besoins élémentaires ou à une sexualité pire qu'animale. Ainsi, ramener l'amour charnel à un devoir reproducteur, précédé d'un élémentaire coït, au mieux de quelques vagues caresses — quand l'homme n'est pas trop harassé de travail, quand on a le temps — m'apparaît, en effet, une déchéance pire que bestiale. La plupart des animaux ont des parades érotiques que nous n'avons même plus. L'humiliation — surtout de la femme —, la violence, la culpabilité... sont le lot de la plupart des couples de nos civilisations dites évoluées. Il y a de quoi avoir honte! Car cela signifie que l'amour, pour nous et entre nous, est devenu moins qu'humain, à part quelques généreuses mais rares et souvent ponctuelles exceptions.

La tradition du yoga, la tradition tantrique et certaines rencontres de femmes et d'hommes spirituels m'ont appris autre chose. Elles ont commencé à m'enseigner que le corps est lui-même un lieu divin — le lieu ou temple du divin en harmonie avec l'univers —, ou plutôt elles m'ont enseigné comment cultiver mon corps, et respecter celui des autres, comme temples divins. Je savais que le corps est potentiellement divin, je le savais notamment par ma tradition chrétienne dont c'est, en fait, le message, mais je ne savais pas comment développer cette divinité. En pratiquant la respiration, en éduquant mes perceptions, en me préoccupant sans cesse de cultiver la vie de mon corps, en lisant des textes actuels et anciens de la tradition du yoga, des textes tantriques, j'ai appris ce que je savais : le corps est le lieu de l'incarnation du divin et j'ai à le traiter comme tel. Cela n'est pas toujours facile, surtout à notre époque, mais cela ouvre un devenir spirituel beaucoup plus stimulant et valable que les perpétuels chutes et rachats, dans ou hors de la chair, qu'enseignent la plupart des religions de notre temps. Le corps lui-même, y compris dans l'acte charnel, peut être divinisé. Cela ne signifie pas qu'il se surmonte mais qu'il s'épanouit, devient plus subtilement et totalement sensible. Cette transformation, transsubstantiation de la matière corporelle élémentaire en chair spirituelle, se réalise notamment par le passage de l'énergie de certains *cakra* — ou centres psycho-physiologiques — à d'autres : ainsi des *cakra* du sexe ou de la vitalité élémentaire à ceux du cœur, de la gorge, de la tête, sans oublier la circulation de retour jusque dans les pieds. Toute cette alchimie du devenir du corps subtil est décrite dans certains textes tels que les Upanishad du yoga mais aussi dans certains manuels tantriques, et encore dans l'enseignement de Patanjali sur la concentration dans la perception. Tout n'y est pas dit, tout n'y est pas encore dit comme je l'ai parfois cru. Mais des indications sur les transformations du corps en union avec l'ensemble de l'univers et sur ses possibles incarnations sont données.

Dès lors, le corps n'est plus seulement un véhicule plus ou moins déchu, mais le lieu même où réside le spirituel à cultiver. Le spirituel correspond à du corporel évolué, transmuté, transfiguré. La musique, les couleurs, les odeurs, les goûts, le chant, l'amour charnel... peuvent servir à cette transsubstantiation. Ce que je souhaite comme devenir à ces anciens textes, hélas! trop négligés dans notre enseignement occidental(isé), c'est que l'amour advienne entre deux libertés.

Souvent, il y est présenté comme union, en un sens régressive mais extatiquement spirituelle, de l'homme avec la matrice universelle qu'incarnerait la femme, élue comme *shakti*. Cette interprétation est loin d'être négligeable et elle est certes plus valable que l'amour simplement bestial, violeur ou déchu. Mais l'union de deux amants, homme et femme, libres vis-à-vis de la généalogie, peut réaliser autre chose dans l'incarnation de l'amour humain. Chaque amant, femme ou homme, peut contribuer à la renaissance de l'autre comme incarnation à la fois humaine et divine. Dans ce cas, l'union charnelle devient un lieu privilégié d'individuation et non seulement de fusion, de régression, ou d'abolition des polarités et différences. Dans l'amour, femmes et hommes se redonnent leur identité et le potentiel de vie et de création que la différence d'identité entre eux rend possible.

Cette double identité permet de rester deux dans l'amour, et en relations de réciprocité adultes.

Ce que ne m'a pas (encore?) enseigné le yoga

Notre modèle culturel amoureux est le plus souvent encore parental, généalogique, hiérarchique. Il ressemble au rapport enseignant-enseigné, l'homme y apparaissant comme le maître et

la femme comme le/la disciple. Dans les traditions de la déesse, l'inverse a lieu. C'est l'homme
qui est initié par la femme en amour.

Une pratique de la différence sexuelle

Mon souhait pour l'avenir serait une initiation
réciproque. Ce qui demande que femmes et
hommes aient constitué un monde propre à leur
sexe ou leur genre, et que les uns et les autres
puissent s'offrir et échanger des éléments de ce
monde autres que purement biologiques : sper-
matozoïdes et ovules, par exemple. Hommes et
femmes ont autre chose à engendrer que des
enfants. Cet aspect de la fécondité spirituelle
entre les sexes, je l'ai appris par ma propre expérience et mon propre désir. Quand j'ai essayé de
l'exposer — peut-être mal... — à des pratiquants
du yoga, il a été peu entendu, voire rejeté. Pourtant la pratique du yoga me ramène sans cesse à
cette évidence et certains textes ou commentaires
de la tradition de l'Inde également. Ainsi Mircea
Eliade présente souvent la culture de l'Inde
comme une culture qui a réussi à conserver des

éléments aborigènes asiatiques à côté d'apports patriarcaux plus tardifs. Il y a donc, en Inde, place pour une spiritualisation du masculin et du féminin. C'est une des seules traditions d'ailleurs où se vénèrent encore des déesses femmes et des dieux couples amants.

Lors d'un voyage en Inde en janvier 1984, j'ai été heureusement étonnée de voir que la plupart des femmes, même pauvres, y gardent une grande dignité, attitude étrangère à celle de femmes humiliées, soumises ou arrogantes, qu'ont souvent les Occidentales. Je n'ignore pas ce qui se passe, en Inde, concernant la prostitution, les violences et même les meurtres perpétrés vis-à-vis des femmes. Mais l'un n'empêche pas l'autre. Il y existe une cohabitation entre au moins deux époques de l'Histoire : l'une où les femmes sont déesses, l'autre où les hommes exercent un pouvoir aveugle sur elles.

Lors de ce même voyage, j'ai également entendu, avec émotion, le maître T. Krishnamacharya affirmer l'importance de la différence sexuelle comme dimension de la culture du yoga.

Cela m'a été et m'est encore une indication précieuse. J'aurais aimé lui demander comment traduire la différence des sexes dans la pratique. C'est une question que je souhaite encore poser aux enseignant(e)s du yoga. Je sais qu'il existe des pratiques pour femmes enceintes. Mais y en a-t-il pour femmes et hommes en tant qu'ils ont un corps et un esprit différents? J'aimerais les connaître pour éviter de nuire à mon corps, pour développer mes qualités de femme, non seulement de mère, mais encore de femme amante, de femme philosophe et écrivain, de femme conférencière, etc.

La réciprocité entre les personnes

A cause de ce manque de culture de l'identité sexuée, lieu le plus irréductible de la réciprocité, celle-ci me semble souvent absente dans les milieux du yoga. Certes il y règne une apparente gentillesse et un relatif respect d'autrui. Le rapport hiérarchique y reste souvent ce qui fait loi. Il y existe aussi peu d'échanges vraiment spirituels. Ceux-ci sont même, par la plupart, supposés être inutiles voire nuisibles à la pratique du yoga. Pour devenir adepte ou initié(e), il conviendrait de ne pas, de ne plus penser. Ce slogan ou cette idéologie, imposés ou véhiculés de manière élémentaire par les enseigné(e)s ou enseignant(e)s du yoga, trouvent des complices attentifs et complaisants. Les femmes fréquentent majoritairement les cours de yoga; elles y entendent ce qu'elles sont habituées à entendre, donc elles n'opposent pour la plupart aucune résistance. Si l'une d'entre elles s'avise de poser une question qui ne convient pas à l'enseignant, il lui est vite signifié que cette question est déplacée et témoigne d'un manque de connaissance de ce qui se dit ou ne se dit pas dans de tels lieux. J'ai vécu plusieurs fois cette situation et je l'ai trouvée douloureuse et plus ou moins indigne de pratiquants du yoga, qui acceptent par ailleurs que des vérités dures à entendre leur soient adressées par des maîtres plus ou moins compétents. Sans doute, il est plus facile de ne pas penser que de penser, mais l'alibi d'être un bon praticien ne peut valoir contre la discipline et la culture du mental. Pratiquer sans penser fait-il encore partie de la tradition du yoga? Celle-ci me semble d'une subtilité qui demande au contraire une aptitude réelle à la pensée. Il ne s'agit pas de penser n'importe comment. Il faut réapprendre à penser sans centrage sur l'objet, par exemple, à penser de manière vivante et détachée, renonçante, non égologique ni possessive. Cela ne signifie pas ne pas penser mais être capable d'aller au-delà des inerties de la pensée pour en rendre l'énergie libre. N'est-ce pas le cheminement indiqué par Bouddha et, à notre époque, à sa manière, par Krishnamurti?

La valeur de la virginité des femmes

Les deux sont des hommes. Patanjali l'est aussi. Les femmes peuvent certainement en apprendre quelque chose, en se souciant de transmettre, elles aussi, leur savoir aux hommes. La plupart des spirituels témoignent de cette nécessité par le besoin qu'ils ont d'une compagne, notamment vierge. Il serait bien de faire entendre, à ce propos, que la virginité ne doit pas alors signifier privation ou abstention de la réalisation du soi par une femme soumise au bon vouloir et au devenir d'un homme mais aptitude de la femme à conserver et cultiver son identité pour en offrir les qualités en partage à l'homme d'une manière ou d'une autre. Cette dimension de virginité psychique de la femme, gardée et cultivée dans l'amour et le désir avec l'homme, est sans doute une des richesses spirituelles les plus extraordinaires de l'humanité, richesse encore à découvrir au-delà de la valeur de la maternité, qui n'est pas proprement humaine. Si la femme ne garde pas sa virginité, elle perd son identité et ne peut certainement pas re-naître comme femme. De plus, devenant simplement mère, la femme n'est plus une compagne possible pour l'homme. Elle ne se situe plus au même niveau généalogique.

Il ne s'agit pas là, encore une fois, de présence ou absence d'un hymen physiologique, autre réduction de la différence sexuelle à la simple anatomie, mais de maintien de l'existence de deux sexes, de deux genres, comme source de création biologique et culturelle. Il est possible que ce qui paralyse le devenir de l'esprit à notre époque soit le manque de tradition positive concernant la valeur de la virginité pour la femme. Nous ne reconnaissons pas ou plus la valeur de la virginité de la fille, de la femme pour elle-même et non comme monnaie d'échange entre hommes, comme lieu d'engendrement physique d'hommes-héros ou dieux, comme asservissement de l'innocence de la femme à la loi de pères spirituels supposés capables de définir le bien et le mal pour tous et toutes.

Cette carence d'identité féminine transforme les produits de l'intelligence masculine en discours autoritaires et, pour une part, artificiels. Les hommes deviennent des pères culturels; les femmes, des mères naturelles. Les premiers deviennent les maîtres spirituels de leurs mères. Les deux sexes, dès lors, ne communiquent jamais entre eux comme des adultes et ne peuvent s'épouser comme tels.

J'attends du yoga qu'il aide à développer cet horizon de la différence des sexes en tenant compte de notre corps et de notre psychisme de femmes et d'hommes. Je crains que les praticiens du yoga évoluent dans le sens de la neutralisation de la différence des sexes, du traitement des deux sexes « à égalité », de l'admission des femmes dans la tradition la plus tardive et masculine du yoga en oubliant ce qu'elles y ont apporté et peuvent y apporter de spécifique. S'il en est ainsi, notamment dans l'adaptation occidentale du yoga, ne vaut-il pas mieux le plus souvent renoncer à de telles initiations non fondées sur la réalité des corps et des « âmes » ?

En effet, femmes et hommes risquent de s'y trouver en exil de leur tradition, de leur corps et de leur esprit, sans apport d'une culture qui leur soit appropriée. C'est, de toute façon, une question que pose le yoga : la solitude imposée aux pratiquants qui cheminent dans cette voie. Cette solitude est sans doute accrue pour un Occidental qui abandonne une part de ses certitudes, conscientes ou non, pour se confier à la compétence d'un praticien d'une autre tradition. Partir de réalités simples et vraies — la différence des sexes — me paraît indispensable pour réduire l'égarement ou l'angoisse qui peuvent en résulter.

Sur le plan de l'enseignement théorique, il me semblerait utile de réaliser des ponts entre les cultures : en comparant des textes, en incitant chacun(e) à parler de sa culture pour essayer de trouver les ressemblances et différences à partager, en étant à l'écoute des paroles et des écrits de ceux et celles qui, depuis un siècle surtout, s'efforcent d'unir en eux/elles les traditions européennes et celles de l'Orient.

Je pense que la demande de François Lorin concernant ce que m'a apporté — et pas apporté — le yoga par rapport à ma tradition européenne avait cette intention : transmettre une expérience de cheminement entre deux traditions, si tant est qu'elles soient réellement deux.

Il me reste certes encore beaucoup à dire et aussi beaucoup à apprendre à ce sujet.

Indications bibliographiques

Les Upanishads du yoga, trad. J. Varenne, Gallimard, « Idées ».
Mircea Eliade, *Patanjali et le yoga*, Le Seuil, « Maîtres spirituels ».

ENSEIGNEMENTS ORIENTAUX

Les Yoga-Sûtras de Patanjali, commentés par Swâmi Sadâ-
nanda Sarasvati, Le Courrier du livre.

Mircea Eliade, *Techniques du yoga,* Gallimard, « Idées ».

Mary Lutyens, *Krishnamurti, les années de l'éveil,* trad.
Roger Oudart, éd. Arista, « Poussière », Cosne-sur-
Loire.

Lilian Silburn, *Instant et cause,* Vrin, rééd. De Boccard.

— *La Kundalini,* Les Deux Océans.

E.D. James, *Le culte de la déesse,* Le Mail.

Chôgyam Tungya, *L'aube du tantra,* Albin Michel.

Anand Nayak, *Le tantra,* Cerf, « Bref ».

T.K.V. Desikachar, *Yoga. Entretiens sur la théorie et la pratique,* trad. François Lorin, Presto-Print, Belgique.

Luce Irigaray, « Le temps de la vie », dans *Présences de
Schopenhauer,* ouvrage collectif réalisé par R.P. Droit,
Grasset. Texte repris dans ce volume.

LA VOIE DU SOUFFLE

Respirer correspond au premier geste d'auto-nomie du vivant humain. Venir au monde suppose d'inspirer et expirer par soi-même. Dans l'utérus, nous recevons l'oxygène à travers le sang de la mère. Nous ne sommes pas encore autonomes, pas encore nés.

En fait, ce premier et dernier geste de la vie, nous l'oublions. Certes, nous respirons sous peine de mort. Mais nous respirons mal, et nous nous préoccupons peu de l'air qui nous entoure, notre première nourriture de vie. Nous nous stressons pour nous contraindre à respirer : nous réalisons des performances sportives dans un air pollué par exemple. Mais nous ne prenons pas réellement en charge notre vie, notre respiration, ni l'air.

Nous parlons des besoins élémentaires comme besoin de manger, de boire et non de respirer. Cela correspond pourtant à notre premier et plus radical besoin. Et nous ne sommes pas vraiment nés, pas vraiment autonomes ni vivants tant que nous ne prenons pas en charge, de façon consciente et volontaire, notre respiration.

Nous restons passifs au niveau du souffle, baignant dans une sorte de placenta socio-culturel qui nous transmet un air déjà expiré, déjà utilisé, pas vraiment pur.

L'oubli du souffle

En Orient, il est plus courant de se souvenir que vivre équivaut à respirer. Et les Sages s'y soucient d'acquérir une vie propre en pratiquant une respiration consciente. Celle-ci les amène peu à peu à une seconde naissance, une naissance assumée par soi, voulue par soi et non voulue seulement par nos géniteurs, et une physiologie qui nous dicte ses lois.

Respirer de façon consciente et libre équivaut à prendre sa vie en charge, à assumer la solitude en tranchant le cordon ombilical, à respecter et cultiver la vie, pour soi et pour les autres.

Tant que nous ne respirons pas de façon autonome, non seulement nous vivons mal mais nous empiétons sur les autres pour vivre. Nous restons confondus aux autres, formant une sorte de masse, de tribu, où chaque individu n'a pas encore conquis sa vie personnelle mais se nourrit d'une respiration collective : sociale, culturelle, d'un souffle inconscient du groupe, à commencer par celui de la famille.

Ce souffle reste plus proche de la nature — de la mère, de la femme, de la famille — ou plus proche de la culture — de la vie sociale ou civile, davantage liée au père, au monde masculin dans notre tradition.

Nous sommes en quelque sorte divisés entre deux souffles : le souffle naturel et le souffle culturel, sans réelle alliance ni passage entre ces souffles, ni en nous ni entre nous. Ainsi nous sommes né(e)s et nous avons grandi dans la perspective d'une séparation entre la vie corporelle et la vie spirituelle, la vie de l'âme, sans comprendre que l'âme correspond à la vie du corps cultivée jusqu'à acquérir l'autonomie et le devenir spirituel du souffle.

La culture qui nous a été enseignée dit qu'il convient de mépriser le corps pour être spirituel; le corps serait la nature que nous devons surpasser pour devenir esprit, pour devenir âme. Mais cette culture — contrairement à certaines cultures de l'Orient, celle du yoga par exemple — ne nous apprend pas à cultiver la respiration. Ce qui signifie à assurer notre existence de façon autonome et à spiritualiser peu à peu notre souffle vital tout en le gardant libre, disponible, nourrissant pour le corps lui-même, et pour les autres.

Devenir spirituel reviendrait à transformer peu à peu notre souffle vital élémentaire en souffle plus subtil au service du cœur, de la pensée, de la parole et non seulement au service de la survie physiologique.

Notre tradition culturelle nous indique pourtant l'importance du souffle. Dieu crée l'homme en envoyant son souffle dans la matière, raconte la Genèse. Et Jésus-Christ naît d'une femme fécondée par le souffle, l'Esprit. La dimension la plus importante de notre tradition religieuse est celle de l'esprit. Le Christ lui-même s'efface devant l'Esprit. « Si je ne m'en vais pas, l'Esprit ne viendra pas à vous », dit-il à ses disciples. Il affirme aussi que tous les péchés méritent le pardon, y compris ceux contre le fils de l'Homme, mais non ceux contre l'Esprit.

L'esprit est donc la dimension divine la plus importante. Pour nous, comme pour les yogis, le souffle est ce qui peut nous rendre spirituels. Mais nous l'avons oublié. Et souvent nous confondons la culture avec l'apprentissage de mots, de savoirs, de compétences, de pouvoirs. Nous vivons essoufflés, sans nous souvenir qu'être cultivé revient à être capable de respirer, non seulement pour survivre mais pour devenir souffle, esprit.

L'oubli de la respiration dans notre tradition est quasi général. Et il a entraîné une séparation en nous entre souffle vital et souffle divin, entre corps et âme. Entre ce qui donne la vie : le souffle, et ce qui permet de la conserver, de l'incarner : le corps. L'union des deux représentant la vie elle-même.

Cette division erronée entre le corps et l'âme s'est, de plus, répercutée sur notre conception de la différence des sexes. La femme serait le corps, dont l'homme serait l'esprit; la femme représenterait la vie naturelle et l'homme la vie spirituelle. Il serait même, dans le couple, le représentant de la vie divine, du Christ en tant que tête. « Femmes, obéissez à votre mari comme l'Eglise doit obéir au Christ », écrit saint Paul.

Le souffle vital et le souffle spirituel seraient donc séparés, et renvoyés en cela à la mort l'un et l'autre. Le souffle vital retourne à la matière inanimée s'il ne se cultive pas : ce qui n'a pas d'esprit meurt plus vite. Mais la culture faite de mots qui ne sont plus porteurs de souffle véhicule un esprit mort, et non un esprit vivant. Sans une culture du souffle, en chacun et entre eux, l'homme et la femme sont, eux aussi, renvoyés à la mort. Et ils restent dans un perpétuel conflit pour savoir qui, de l'un ou de l'autre, assure le mieux la survie de l'espèce humaine.

Assurer cette survie ne revient pas seulement à concevoir et engendrer des enfants mais implique de conserver la vie humaine comme vie douée de conscience, d'âme. Or cette tâche appartient à la femme comme à l'homme. La femme n'a pas à mettre au monde des corps que l'homme, à commencer par le père, éduquera. Ensemble l'homme et la femme doivent engendrer des enfants à la fois naturels et spirituels.

L'événement de l'Annonciation, qui marque le passage de l'Ancien au Nouveau Testament, nous le rappelle. Ce qu'on en a dit était souvent un peu ingénument puritain et peu spirituel. Et les théologiens ont été bien matérialistes en cherchant dans l'hymen physiologique de Marie la preuve de sa virginité. Marie est vierge parce qu'elle a su garder et cultiver un rapport spirituel au souffle, à l'âme. Ce n'est pas au niveau de l'hymen corporel qu'il faut interpréter le mystère de l'Annonciation. La conception d'un enfant divin dépend de la qualité du souffle et de l'échange de paroles qui la précèdent — de son annonce[1].

Marie, nous enseigne la Tradition, rachèterait la faute d'Eve. Je comprends le message de cette façon : Eve veut avant tout savoir, y compris les

---

1. Se reporter à ce propos à Luce Irigaray, *J'aime à toi*, Grasset, 1992.

choses qui ont rapport au divin. Or Dieu ne peut se ramener à un savoir. Voulant s'approprier la connaissance du divin, Eve consomme un souffle irréductible au savoir. Conservant son souffle virginal, libre et disponible, Marie garde un rapport à la vie, à l'âme, à l'amour, notamment divin, qui n'est appropriation ou consommation ni de soi, ni de l'autre, ni de Dieu.

L'enseignement silencieux de la mère

Il est impossible de s'approprier le souffle, l'air. Mais on peut le cultiver, pour soi et pour les autres. Enseigner se fait alors par compassion. Et il en va de même pour engendrer. Il s'agit dans l'un et l'autre cas de donner-partager son souffle avec qui ne connaît pas encore le chemin de la vie, naturelle ou spirituelle.

Le maître oriental partage son souffle, transmet au disciple une part du souffle qui le conduit à l'éveil. Celui-ci ne se conserve pas dans des paroles, il se pratique, se conquiert à chaque instant par la respiration. La félicité de l'éveil est donc partiellement suspendue pour enseigner, non par volonté de pouvoir ou d'autorité, mais par compassion. Car l'enseignement du maître est ce qui guérit de la souffrance et de la mort. Le Bouddha, comme le Christ, est médecin avant d'être professeur : il enseigne pour enlever la souffrance, pour éduquer à éviter la souffrance, physique ou psychologique.

La femme, fidèle à elle-même, est proche des cultures orientales, proche du Bouddha, qui d'ailleurs vénère le spirituel féminin. La femme partage son souffle. Soit elle en reste au niveau du souffle vital : elle donne de l'oxygène au fœtus à travers son sang. Soit elle partage aussi le souffle spirituel, et cela rejoint, selon moi, le sens de la virginité de Marie.

Avant de donner à manger, de se donner à manger, la femme donne ou, plus exactement, partage son souffle, sa vie : naturelle et spirituelle. Ce mystère, nous ne l'avons pas compris. Nous avons oublié, au niveau de l'existence et de l'être, l'importance du souffle dans la vie, humaine et divine. Et pourtant cela nous a été enseigné, en paroles et en images, dans notre tradition. Mais ceux qui transmettent ce testament spirituel le transmettent souvent comme dogmes ou vérités du passé et non comme gestes à faire ici maintenant par nous.

La femme, comme le Dieu créateur, engendre avec son souffle. Mais elle le fait de l'intérieur, sans démonstration. Elle le fait invisiblement et silencieusement, avant toute parole et geste perceptibles. La femme enseigne, par son faire même, à chaque moment du présent et de façon continue. En portant l'enfant, en lui parlant, plus généralement en le maternant une fois né, elle partage sa vie, son souffle. Si elle le donnait sans en garder, sans rester en vie, l'autre en perdrait lui-même l'existence. Elle ne donne pas simplement, elle partage. Mais ce qu'elle partage ne se voit pas.

L'exemple donné pour expliquer ce qu'est le symbole est un objet coupé en deux dont chacun prend et garde une partie. Ici, il n'y a pas d'objet et pas de division en deux : l'économie symbolique est beaucoup plus subtile.

Si j'ai parlé du souffle au niveau de la maternité, c'est parce que celle-ci est souvent valorisée spirituellement comme don matériel : de sang, de corps, de lait, et non comme partage de souffle : partage de vie, partage d'âme.

La mère donne de son souffle et laisse aller l'autre ; elle lui donne vie et autonomie. Elle lui transmet, dès l'origine, l'existence physique et métaphysique.

La mère, nous sommes habitués à la louer pour des raisons plus ou moins ambiguës : besoin de reproduire l'espèce, besoin de produire des citoyens, nécessité pour l'homme de se donner une descendance et aussi respect, voire culte, de ce qui serait don sacrificiel de la part de la femme, don d'elle-même, dit-on, et non partage de vie et de souffle.

Éveillés par le désir

La femme en tant que femme, l'amante sont plus souvent méprisées que louées, du moins au niveau spirituel. Elles sont les gardiennes du corps, de la nature, nécessaires, certes, mais qui mettent sans cesse l'esprit en péril. Elles sont occasion de séduction mais aussi de déchéance. Nous connaissons peu de maîtres spirituels femmes en Occident. En Orient, la femme a longtemps été la première et même la seule initiatrice, sexuelle et spirituelle. Parfois les deux initiations se distinguaient à peine. Et, si nous réfléchissons un peu, la chose n'est pas aussi ingénue ou diabolique qu'on pourrait le croire. Le désir est souvent éveillé par la femme. Or le désir est un *plus* par rapport au besoin. Il est sans doute spécifiquement humain. L'animal peut-être ne désire pas ; il ressent une excitation sexuelle qu'il satisfait, y compris pour se reproduire. Le désir humain est plus complexe ; il est toujours pour une part spirituel, même si le corps, considéré par nous comme purement naturel, en est le lieu. L'attrait sexuel humain, nous le comprenons mal parce qu'il est lié à l'invisible et à l'insaisissable de la chair : à l'âme, au souffle.

A moins d'être des pervers, des nécrophiles, dans le désir nous cherchons un *plus* de vie ; nous espérons de l'autre un supplément de vie. Déjà, le désir lui-même nous éveille à une vie généralement assoupie en nous. Désirer représente bien un éveil. Mais nous ne savons pas cultiver cet éveil. Au lieu de faire monter et descendre en nous l'énergie, entre les centres (les *cakra*, dit-on en tradition orientale) de la vitalité élémentaire et les centres plus spirituels, nous pensons désirer quelqu'un(e), et non une sorte de mystère spirituel caché dans ce quelqu'un(e). Nous voulons posséder l'autre comme un objet au lieu de l'aborder pour partager avec lui ou avec elle l'énergie du désir, entre sujets désirants et désirables.

Le désir sexuel nous a généralement été enseigné comme une œuvre de la seule chair et non de l'esprit. Cette erreur a paralysé l'énergie de l'homme et de la femme dans la tradition occidentale. Elle nous a également fait régresser à l'animalité, à l'attrait instinctif, y compris dans la procréation. Elle a fait du sexe un instrument de possession, de perversion, de mort, au lieu de trouver dans la différence sexuelle un chemin spirituel, qui peut nous conduire à l'amour, à la pensée, au divin.

Le péché, enseigne la Genèse, serait de vouloir tout savoir, de vouloir s'approprier la connaissance divine, au lieu de la respecter comme souffle. Ce n'est pas l'énergie sexuelle qui est péché mais sa paralysie dans des savoirs, des techniques, des volontés de possession ou de pouvoir.

Comme tel, le désir sexuel est éveil au spirituel, en soi et en l'autre. Il rencontre deux échecs : la réduction à la connaissance ou la régression à la simple nature. Ces deux impasses représentent la dichotomie, à surmonter dans notre tradition, entre corps et esprit, entre femme et homme.

Pour y arriver, il importe de reconnaître à chacun un corps et un esprit propres au lieu de couper l'être humain en deux : moitié homme, moitié femme.

L'espèce humaine comprend deux genres, irréductiblement différents, attirés l'un par l'autre par le mystère qu'ils représentent l'un pour l'autre, mystère non révélable mais qui est source de vie, naturelle et spirituelle.

Ce qui attire l'homme et la femme l'un vers l'autre, ce n'est pas un simple instinct sexuel, qui pourrait s'assouvir par un passage à l'acte. A ce stade, nous régressons aujourd'hui, parce que la sexualité est devenue l'enjeu d'un commerce soumis à des spéculations et des techniques diverses. Nous y régressons aussi parce que l'homme et la femme oublient le mystère de leur différence, ils le réduisent à une particularité corporelle utile pour la production de jouissance et d'enfant.

L'enjeu de l'attrait entre les sexes disparaît alors. Toutes sortes d'excitants et de drogues deviennent nécessaires pour susciter le désir, un désir qui restera sur sa faim parce qu'il ne concerne pas l'être entier.

Le souffle partagé

En fait, ce qui attire l'homme et la femme l'un vers l'autre, au-delà d'une simple différence corporelle, est une différence de subjectivité, et notamment une différence de rapport au souffle.

C'est la vitalité ou l'âme d'une femme qui séduit un homme, autant et plus qu'un sexe ou une beauté déjà artificiellement composée. Les filles les plus belles ne sont pas toujours les plus désirables, sauf à la télé ou au cinéma. Ce que cherche le garçon dans la fille, c'est un supplément ou un chemin de vie. Et, si le désir comme tel — non l'amour — va souvent de l'homme vers la femme, c'est que celle-ci a en elle une réserve plus importante de souffle. L'homme utilise son énergie pour fabriquer, faire, créer à l'extérieur de lui. Il met son souffle, vital ou spirituel, dans les choses qu'il produit ; il l'emploie pour construire un monde, son monde. Il garde peu son souffle, son âme, en lui. Et, pour l'y maintenir, il a besoin d'instruments : des concepts, des dogmes, des rites, etc. Mais le souffle alors n'est plus libre, plus partageable.

La femme, plus spontanément, garde le souffle en elle. Question d'identité physiologique, question d'identité relationnelle aussi. Née d'une femme, sa mère, avec la capacité d'engendrer et d'aimer comme celle-ci, la petite fille possède dès l'origine, en elle, le secret de l'humain et de la relation entre les humains.

La petite fille naît dans la familiarité à soi, au monde naturel, à l'autre. Elle connaît intuitivement la provenance de la vie. Elle sait que la source de la vie est en elle, qu'elle ne doit pas la construire hors d'elle. Son souffle ne doit pas sortir d'elle pour construire, fabriquer, créer. Il doit, au contraire, rester en elle pour pouvoir être partagé, être fécondé. La femme demeure également en plus grande harmonie avec le cosmos.

Cela lui permet d'inspirer et d'expirer plus naturellement ce qui nourrit le souffle vital : l'air.

Pour se séparer de l'origine de sa vie, la mère, le garçon, l'homme, se construit un monde différent de l'univers cosmique, un monde en quelque sorte artificiel. Il en va ainsi au niveau du souffle vital et au niveau du souffle spirituel : le Dieu au masculin est plus éloigné de la nature micro- et macro-cosmique que la divinité au féminin.

La petite fille, la femme, respire pour vivre mais aussi pour partager, communiquer, communier. C'est vrai au plan naturel, et ce devrait l'être au plan spirituel.

Mais, en soumettant la femme au spirituel masculin, notre tradition lui a enlevé son âme, et a ainsi privé l'homme d'une ressource spirituelle, y compris dans l'amour charnel. Si l'acte charnel peut lui apparaître comme une petite mort, c'est parce qu'il oublie ce qu'il peut recevoir de spirituel en s'approchant du souffle de la femme. Il en va de même s'il lui apparaît comme « péché », comme faute. Certes, ce spirituel dont il s'approche n'est pas le même que le sien. Il reste parfois simple souffle, sans paroles, sans rites, sans transformation visible de l'air, de l'énergie. Mais si ce souffle est situé au niveau du centre (du *cakra*) du cœur, de la parole, de l'écoute — comme dans l'Annonciation —, ce souffle est du spirituel pur. Il correspond à ce que cherchent les maîtres de l'Orient, et certains mystiques occidentaux qui empruntent la voie négative pour rejoindre le divin comme Dieu-rien (*nada*), rien que souffle, passé du niveau de la vitalité élémentaire au niveau spirituel.

L'amour, y compris l'amour charnel, peut devenir cette voie négative mystique. Chacun y renonce à tout plaisir, y compris représentatif, solitaire, et emploie le désir au devenir de l'énergie dans la relation, à la transformation de l'attrait sexuel en amour, en parole, en pensée sans l'anéantir pour autant. Ce n'est pas dire que les deux deviennent un, mais que chacun suit un chemin spécifique pour que la relation soit possible dans l'instant et dans la durée, malgré ou grâce à la différence entre les deux.

La femme comme guide spirituel

Ainsi la femme a, dès sa naissance, un goût quasi spontané pour la vie relationnelle, qui lui vient sans doute du fait d'être née d'une même qu'elle, à qui elle peut en outre s'identifier dans l'amour et dans la génération. La femme recherche la relation à l'autre, là où l'homme recherche la relation à l'objet. Le risque, du côté de la femme, est qu'elle s'efface elle-même à cause de l'attrait pour l'autre. Dans toute relation sexuée, dans la relation sexuelle au sens strict, la femme devra s'efforcer de sauvegarder le deux du rapport intersubjectif. Elle ne devra pas renoncer à elle-même dans l'amour ou le désir pour l'autre, ce qui serait anéantir le deux.

Elle ne devra pas non plus réduire l'autre à un même que soi, ni à un enfant, ce qui correspondrait à une forme de répétition de la première relation qu'elle a connue avec sa mère. Elle doit maintenir le deux, et le maintenir hors d'un rapport principalement naturel, telle la génération. La fille connaît une relation à l'autre quasiment de nature : celle avec sa mère, celle avec l'enfant. La relation à l'homme, à moins de déchoir de cette relation, l'oblige à dépasser l'intersubjectivité quasi naturelle liée à la reproduction.

Le premier rapport à l'autre que connaît la femme est un rapport lié au respect et au partage de la vie : la vie qu'a respectée sa mère pour qu'elle naisse et survive, la vie qu'elle respecte elle-même en devenant mère. Le spirituel le plus haut pour la femme ne réside pas là, même si le partage de la vie comme telle est déjà un geste que les mythologies et même les religions formulées au masculin ne nous ont pas enseigné. Notre culture est pleine d'histoires de pères qui tuent leurs fils ou le contraire, de pères qui violent leurs filles et leur font des enfants. L'éthique apparaît donc souvent, pour l'homme, se réduire au respect de la vie de l'autre, notamment dans le rapport généalogique.

Pour la femme, le geste éthique commence avec le respect de la vie spirituelle, et non seulement naturelle, de l'autre. Ce que l'homme revendique comme éthique, la femme le réalise quasi involontairement au quotidien : ne pas tuer qui vous a mis au monde ni qui vous engendrez. L'éveil de la conscience, pour une femme, se situe à un niveau plus élevé spirituellement :

non seulement ne pas détruire la vie de l'autre mais respecter sa vie spirituelle et, souvent, l'éveiller à une vie spirituelle qu'il ne connaît pas encore.

La vie relationnelle de l'homme est paralysée par la difficulté d'entrer en relation avec celle qui l'a engendré. Pour surmonter une telle difficulté, les religions ont souvent imaginé une virginité physiologique chez les mères d'hommes spirituels : Bouddha ou Jésus par exemple. Un mystère anti- ou contre-nature permettrait l'enfantement d'un fils non paralysé par un attrait naturel pour la mère. La philosophie, quant à elle, a inventé la scission entre matière et esprit, sensibilité et intelligence, etc.

Le chemin pour résoudre la question est différent. Bien qu'il soit rationnel, perceptible et praticable par tous et toutes, il a été négligé. Ce qui peut aider l'homme à découvrir la vie relationnelle, c'est la virginité *spirituelle* de la femme. Une relation corporelle avec l'autre genre qui ne se réduit pas à un rapport naturel, à une régression à la simple nature, au souffle de la survie, permet à l'homme d'accéder à une vie relationnelle faite de corps et d'esprit.

Le rôle de la femme comme amante est en quelque sorte supérieur et englobant par rapport à celui de la mère. Elle fait passer le souffle de l'homme, de la vitalité naturelle ou de l'énergie fabricatrice, à la vie intérieure : vie liée aux centres — ou *cakra* — du cœur, de la parole, de l'écoute, de la pensée.

L'amour charnel devient ainsi chemin spirituel pour l'énergie, la chair se fait esprit et âme grâce au corps lui-même, aimé et respecté dans sa différence, y compris au niveau du souffle.

La différence sexuelle est, en fait, celle qui peut ouvrir entre les humains, en particulier entre l'homme et la femme, un horizon transcendantal. La transcendance qui se révèle et s'élabore ainsi, dans le respect de la vie naturelle et spirituelle de chacun(e), est plus radicale que celle se rapportant à la généalogie. Les transcendances, masculine mais aussi féminine, liées à la généalogie sont à la fois trop tributaires du monde naturel et trop fabriquées. Elles nous partagent entre vie naturelle et vie divine sans que nous puissions assurer le passage de l'une à l'autre à chaque instant. C'est dans la différence sexuelle que la schize entre identités humaine et divine peut se surmonter, grâce à une culture de l'énergie, en particulier une culture du souffle. Entre l'homme et la femme, grâce à l'amour, y compris charnel, un éveil à la transcendance peut avoir lieu qui correspond au règne de l'esprit comme souffle spirituel, comme âme. Une âme non pas localisée et clôturée, comme l'est l'âme au masculin, mais une âme qui anime progressivement tout le corps, changeant sa matérialité inerte ou sa vitalité élémentaire en existence spirituelle par une transmutation de l'énergie.

Ce passage à une autre époque du règne de l'esprit dépend d'une culture de la respiration, d'une culture du souffle dans et par les femmes. Ce sont elles qui peuvent partager avec l'autre, en particulier avec l'homme, la vie naturelle et la vie spirituelle ou divine, si elles sont capables de transformer leur souffle vital en souffle spirituel. C'est une tâche d'envergure mais passionnante et belle. Elle est indispensable pour la libération des femmes elles-mêmes et, plus généralement, pour une culture de la vie et de l'amour. Elle demande de la patience, de la constance, de la fidélité à soi et à l'autre. De ces vertus manquent souvent les femmes aujourd'hui. Mais pourquoi ne pas les acquérir? Par amour de soi, par amour pour l'autre? Par conscience de l'importance du rôle spirituel des femmes pour le présent et le futur de l'humanité.

ÊTRE JE, ÊTRE NOUS

Nous nous trouvons aujourd'hui confrontés à une situation nouvelle en ce qui concerne la culture : nous assistons à un accroissement d'informations aussi bien dans l'espace que dans le temps, à une accumulation de connaissances de divers niveaux et, en même temps, à une perte de conscience humaine. Nous savons plus de choses mais nous retournons moins en nous-mêmes pour interroger le sens de toutes ces choses pour un devenir humain plus accompli. Nous découvrons que bien des réalités nous demeuraient inconnues jusqu'à présent mais les découvertes que nous faisons sont si nombreuses que nous en oublions un peu la réalité et les limites de notre propre être. Et le risque existe pour nous de savoir mille choses, de nous réduire finalement à un effet d'acquisition de connaissances, mais de ne plus rien savoir sur qui est *je*, qui est *tu*, qui est *nous*. Le risque existe que nous devenions un logiciel d'ordinateur avec une multitude de programmes enregistrés mais auquel manque la clé pour définir l'unité possible de ces programmes, la façon de passer de l'un à l'autre, le moyen d'en utiliser l'ensemble ou une partie pour communiquer avec nous-même, avec l'autre, entre nous.

L'égarement de la conscience occidentale

Une telle crise de la culture est liée à une certaine conception de l'être conscient, au niveau du *je* et au niveau du *nous*. Dans la culture occidentale, le sujet se constitue en s'éloignant de la/sa naturalité à travers des conflits, l'usage d'outils, la maîtrise. Cette appartenance naturelle peut se présenter sous forme de naissance corporelle, de relations généalogiques avec la mère ou sexuelles avec le partenaire amoureux; elle peut aussi exister sous forme de rapports individuels ou collectifs avec l'environnement cosmique. Devenir conscient signifie dominer ce mode immédiat de percevoir, cette immersion dans un monde non construit par le *je*. Devenir sujet s'accompagne de l'éloignement du milieu naturel pré-donné pour créer un univers propre grâce à des instruments, corporels ou techniques, parmi lesquels le langage apparaît comme un outil privilégié.

Or cet éloignement de la vie et de sa sagesse naturelle — si je puis ainsi m'exprimer — comporte des conséquences non prévues auxquelles nous sommes confrontés aujourd'hui. Par exemple, une production et une information culturelles qui ne nous permettent pas de faire retour à nous-mêmes, d'avoir les pieds sur terre et de conserver un rapport présent et vivant avec l'autre, les autres, un rapport qui ne soit pas déjà médiatisé par une universalité abstraite et neutre, du moins en apparence.

Pour trois motifs principaux le risque d'une perte de conscience existe. Le premier résulte de la multiplicité inorganisée d'informations qui nous submerge et vis-à-vis de laquelle notre salut intellectuel ou spirituel exige de passer au niveau universel sans assurer les médiations nécessaires à un tel geste. Un autre péril vient du fait que l'homme a voulu dominer la nature à travers des outils ou instruments divers, mais que lui-même se trouve désormais en grande part dominé par ces instruments et les produits fabriqués grâce à eux. Ainsi sommes-nous aujourd'hui environnés par un univers technique qui réduit chacun de nous à un « je » — ou mieux un « on » quelconque comme l'écrit J.-P. Sartre —, un « je » quelconque qui obéit aux impératifs de l'objet utilisé ou du milieu construit dans lequel nous vivons. Tout cela ne favorise ni le développement d'une conscience vivante pour chacun de nous, ni le partage d'une vie commune : nous vivons isolés les uns des autres par un monde déjà fabriqué, obéissant aux ordres des objets et de l'univers qui nous environne. Il suffit, par exemple, de revoir le film *Les Temps modernes*, et de comprendre que nous sommes tous et toutes au service de chaînes techniques qui nous imposent leurs lois, également en dehors de notre lieu de travail. Ce qui constitue un troisième motif de la crise actuelle aussi bien du sujet que de la communauté.

Nous risquons donc de nous perdre dans nos propres productions et d'oublier finalement le motif pour lequel nous les avons produites : dominer la nature. D'ailleurs, d'une certaine façon, la nature n'existe plus et ce qui nous a servi à émerger comme conscience humaine a disparu. Nous vivons dans un monde créé, un deuxième monde, qui ne correspond plus à l'univers naturel par rapport auquel l'homme s'est défini comme sujet : comme *je* et comme *nous*. Constater que, dans ce second monde, le concept de nature humaine n'a plus grand-chose à voir avec notre identité naturelle nous le montre : il s'agit déjà d'une naturalité artificielle et abstraite. Privés d'une telle référence, nous oscillons entre une abstraction sans ancrage dans notre nature propre et une régression à l'animalité. Pour un nombre significatif d'individus, de familles ou de groupes humains, l'animal redevient le totem, et l'animalité le modèle de fonctionnement pour le *je* et pour le *nous*.

L'espèce humaine semble donc à la recherche de son chemin entre une construction objective mais abstraite dans laquelle elle s'est aliénée (qu'il s'agisse de l'univers de la technique, de l'idéologie socio-politique de l'égalité sans différences, d'une compétence médicale fondée sur la connaissance de cadavres humains ou d'autres espèces vivantes, d'une compétition entre intelligence humaine et programmes d'ordinateur) et une régression à l'instinctivité animale ou à l'inertie corporelle.

L'oscillation est de plus en plus ample, pour les individus comme pour les groupes humains, écartelés entre des impératifs désormais extérieurs à eux, donc manipulés par des maîtres plus ou moins visibles et humains, et un retour à la familiarité ou à la complicité du monde animal. Et il sera difficile de surmonter l'écart entre de telles polarités dans une nouvelle figure de l'Histoire, notamment parce qu'elles ne ressemblent plus à celles de la dialectique connue de nous : conscience vivante d'un côté, objectivité inaccomplie de l'autre.

La médiation insurmontable du genre

Mais il existe une troisième voie qui permet de poursuivre le devenir humain en ouvrant une nouvelle époque de l'Histoire. Cette voie, il est vrai, nous oblige à changer notre mode traditionnel de raisonner. Mais changer de méthode vaut mieux que perdre la conscience. Il s'agit de renoncer à constituer la conscience à travers une domination de la nature : univers cosmique, naturalité de la mère ou de la femme, origine de la vie ou de l'instinct. Il s'agit d'abandonner un chemin de connaissance autarcique, abstraite et non réellement objective, et d'interpréter la conscience occidentale, le sujet occidental, notre « être je » et notre « être nous », comme soumis à des médiations propres au sujet masculin, et donc pas réellement universelles ni neutres. Se découvre alors que la nature en tant que nature humaine est *deux* : masculine et féminine, et qu'elle demande une double subjectivité, un double « être je » pour être cultivée.

Une semblable voie du devenir de la conscience est sans doute la plus civilisée et la plus spirituelle qui s'offre à nous aujourd'hui. Elle unit nécessités empiriques et nécessités transcendantales. Elle lie, en effet, dans un rapport dialectique nouveau, nature et culture, faisant de la différence de nature — de genre, d'âge, de race, par exemple — une différence insurmontable par une conscience absolue. Ainsi l'objectivité d'une différence insurpassable s'opposera toujours à la domination d'une conscience. Celle-ci restera liée à la nature, à la singularité concrète, c'est-à-dire qu'elle restera incarnée, échappant à l'universalité abstraite.

La différence la plus universelle et irréductible, de ce point de vue, est celle qui existe entre les genres. Elle apparaît comme la condition, aussi bien empirique que transcendantale, pour garantir la possibilité d'une nouvelle époque de l'Histoire ou, plus simplement, pour assurer un devenir à l'humanité. En effet, elle impose une différence à la conscience et une différence insurmontable, donc un devenir sans fin. En outre, cette différence correspond à une différence entre consciences vivantes, et le risque d'enfermer une conscience dans une objectivité erronée, dans un absolu fictif et mort, se trouve réduit, comme celui de s'en tenir à une animalité instinctive. Ce n'est pas la même chose d'avoir comme partenaire du mouvement et du procès dialectiques une objectivité plus ou moins inanimée, plus ou moins propre, à surpasser ou rejoindre, ou une subjectivité qui obéit à des nécessités différentes des miennes. Dans ce cas, la dialectique devient, ou redevient, dialogue entre deux consciences ; elle retourne donc à un réel processus relationnel et ne se contente pas d'une méthode de domination de la part d'une conscience par rapport à la nature, à l'immédiateté naturelle : celle extérieure à soi, celle en soi ou celle entre nous.

Dès lors, le devenir de la conscience, de la culture, ne peut être confié à un seul sujet ; il s'engendre dans l'interaction entre deux subjectivités irréductibles l'une à l'autre : celle de l'homme et celle de la femme. Il n'existe donc plus un seul logos, défini depuis toujours et pour toujours dans l'horizon d'un seul absolu ou un seul Dieu, et soi-disant inscrit dans les neurones de l'espèce humaine.

Il y a deux chaînes linguistiques qui entrent en interaction, laissant ouverte la totalité du sens et de ses expressions verbales, gestuelles, plastiques. Entre les deux sujets, l'homme et la femme, il ne se produit pas ainsi seulement une génération naturelle, c'est-à-dire des enfants, mais aussi une génération spirituelle, une culture étrangère à un objectif et un absolu uniques. Aucun risque, donc, d'un ordre totalitaire imposé par une seule vérité, une seule objectivité, un seul chef.

Une tâche nouvelle pour l'Histoire

A une époque où il était possible de penser que l'humanité avait accompli son devenir, épuisé ses capacités et sa mémoire, l'existence d'une double subjectivité ouvre un horizon encore inconnu pour notre Histoire. Et il serait désormais utile de renoncer au calvaire d'une réalisation de l'absolu — pour citer les paroles de Hegel —, un absolu saturé de langage, pour retourner au silence absolu que demande le respect de l'autre comme irréductible à soi.

La négativité s'applique alors à l'absolu lui-même en tant qu'accomplissement du sujet, absolu ramené non à rien mais à un silence attentif à l'autre. La voie de la théologie négative — imaginée par d'humbles béguines avant son usage dans le discours de la mystique rhénane? — devrait être suivie de nos jours par tous les philosophes, hommes ou femmes, pour rejoindre la vérité de l'« être je » et de l'« être nous ». Ne serait-ce pas, en effet, dans la construction d'une vérité étrangère au seul soi, d'une vérité à partager avec les autres, à partager entre nous, que le sujet accomplirait son devenir, dans la conscience d'une limite absolue — celle de l'autre — qui permet à chacun de nous de retourner subjectivement à soi-même pour cultiver une intériorité propre et singulière? Chacun de nous ne ressemble plus à un chasseur d'absolu en guerre avec tout autre mais devient l'humble constructeur d'une intériorité humaine.

Les derniers philosophes occidentaux se sont posé la question de la fin de la philosophie, du retour à soi ou à l'origine de notre culture, de l'horizon de la mort comme condition de la conscience. Ils n'ont pas imaginé que la limite cherchée par eux pouvait se trouver dans le fait que la conscience est deux, et qu'elle peut et doit se définir dans le respect de l'autre comme irréductible à soi. Ils n'ont pas pressenti non plus qu'une telle découverte pouvait représenter la possibilité d'une nouvelle époque de la philosophie et même de l'ontologie, mais une ontologie fondée sur un « être deux ».

Evidemment, nous nous trouvons alors devant un « être je » et un « être nous » radicalement différents. Pour les réaliser, la première objectivité dont nous devons nous soucier n'est ni la science, ni la religion, ni même l'art, objectivités qui peuvent témoigner — selon Hegel — d'une subjectivité accomplie, mais la médiation d'un droit qui garantisse l'identité des personnes dans leur singularité. Une telle législation aura pour tâche de protéger, grâce à une tutelle objective, la différence entre les sujets, en particulier la différence de genre. La médiation du droit serait l'alphabet universel pour l'institution d'un monde symbolique qui ne perpétue pas une faute éthique vis-à-vis du « je » et du « nous » féminins, c'est-à-dire qui garantisse une équivalence de droits pour les deux genres, dans le respect de leur(s) différence(s). Cela permettrait à chaque citoyen(ne) de devenir et de se cultiver, à condition de respecter la culture de l'autre sexe.

Dans une telle perspective, ni le *je* ni le *nous* ne peuvent être structurés à partir d'un instinct encore méconnu et non cultivé qui cimente une unité dominée par le concept. L'« être je » et l'« être nous » sont constitués à partir d'une conscience du soi comme limité, d'une responsabilité individuelle ou collective qui n'efface pas la singularité de chacun. La différence n'est pas préservée par une transcendance verticale, mais grâce à la transcendance horizontale de l'autre genre comme irréductible à moi, au mien.

La communauté est alors composée d'individus autonomes en relation consciente les uns avec les autres. Elle ne se réduit pas à un tout indifférencié de citoyens organisé par un instinct, une volonté, une idée ou un chef, qu'il s'agisse d'un chef de horde, de tribu, d'Eglise ou d'Etat. En fait, un tel chef ressemble au patriarche qui assure l'unité d'une famille fondée sur une naturalité déjà artificielle. Dans cette unité familiale, chaque membre : l'homme, la femme ou les enfants, aliène sa propre singularité pour composer un ensemble dont le versant dit naturel restera « privé », soustrait à la communauté civile, et le versant dit « culturel » ou conceptuel deviendra public, visible, et sera régi par un citoyen homme ou, dans le meilleur des cas, un citoyen prétendu neutre.

Changer l'« être je » et le rapport entre l'« être je » et l'« être nous » demande de modifier cette organisation familiale, de refonder la famille sur un contrat paritaire entre deux sujets différents : un homme et une femme, qui décident, vis-à-vis d'eux-mêmes et de la communauté, d'assurer cette cellule de transition entre l'« être je » et l'« être nous » que nous appelons le couple.

En réalité, une société composée comme un être-en-relation, et non comme une entité dominée par un chef, est constituée d'une infinité de couples qui devraient sans cesse assurer entre eux le passage de l'instinct à la culture dans le respect de la propre nature. Construire une communauté humaine plus accomplie ne peut se réaliser, me semble-t-il, de manière différente. De même, la constituer selon un idéal démocratique est impossible sans renoncer à la toute-puissance de l'ordre généalogique, toujours fondé sur une hiérarchie, au bénéfice de modèles de relations horizontales entre sujets. La relation entre les genres apparaît le lieu privilégié pour la création de rapports horizontaux, que ceux-ci s'exercent dans la vie privée ou la vie publique, entre adultes ou entre enfants.

L'« être je » et l'« être nous » seront ainsi modifiés. Ils seront désormais constitués et cultivés comme « être(s)-en-relation », aussi bien pour ce qui concerne l'individu que le groupe social. Les relations resteront concrètes, au niveau empirique et transcendantal, et elles uniront les nécessités de l'instant à celles de l'éternité, sans sacrifier aucune singularité, et en respectant les exigences d'une constitution temporelle.

Tel serait un des mystères de l'amour respectueux de la différence : intuitionner ou entrevoir un idéal d'absolu sans prétendre le réaliser objectivement ni solitairement. Le laissant à sa condition d'étoile qui illumine un chemin ouvert ensemble et qui doit se poursuivre dans la fidélité à un hier, un aujourd'hui et un demain, à condition que cette fidélité ne soit pas renoncement à la singularité de chaque « je » et de chaque « tu ».

LA FAMILLE COMMENCE À DEUX

Récemment, dans le cadre d'un colloque, j'expliquais la nécessité de refonder la famille sur une alliance plus consciente et plus civile entre l'homme et la femme. Un homme est intervenu pour dire que la famille commençait à trois et non à deux. Je ne me sens pas en accord avec une telle position. Selon moi, une famille naît quand deux personnes, le plus généralement un homme et une femme, décident de vivre ensemble durablement, de « fonder un foyer » pour reprendre une ancienne expression qui, au fond, est belle.

Fonder un foyer, c'est fonder une nouvelle demeure, une nouvelle maison, en particulier autour d'un centre, souvent assimilé au feu domestique : lieu qui sert à se nourrir, à se chauffer, à se réunir. Ainsi, dans la Grèce antique, la mère portait une flamme de son propre foyer pour allumer le feu domestique de sa fille nouvellement mariée.

En réalité, la famille n'est pas fondée sur le trois, mais sur le deux. La faire commencer à trois, c'est la réduire à cette unité indifférenciée décrite par Hegel, unité en laquelle l'homme, la femme, l'enfant ou les enfants perdent ou aliènent leur identité propre dans un tout cimenté par la naturalité, mais une naturalité déjà abstraite et neutre qui efface la singularité physique, psychique ou juridique de chacun.

Dans ce type d'organisation familiale, l'engagement pris entre un homme et une femme adultes de vivre ensemble durablement, dans le respect mutuel, s'estompe devant l'assujettissement de l'homme, de la femme et de l'enfant aux nécessités de la reproduction naturelle, elle-même soumise aux impératifs de la reproduction de la société, de l'Etat.

Dans ce cas, la famille ne représente plus un lieu d'amour et de spiritualité privilégié mais un ensemble plus ou moins unifié, dominé par la procréation, la généalogie ou filiation, l'autorité parentale, en particulier paternelle, et la possession de biens.

Le déclin de l'ordre familial

Un tel ordre familial est désormais en crise, et son organisation ne résiste pas à la culture de notre époque. De toutes parts, les familles explosent : mère d'un côté, père de l'autre, enfants qui vont et viennent entre les deux. Cette déstructuration de l'unité familiale entraîne douleur, désarroi, désespoir : pour tous et toutes, parents et enfants. Des symptômes de répression apparaissent également, comme s'il suffisait d'intervenir avec un peu d'autorité pour rétablir une stabilité passée, et pourquoi pas un nombre traditionnel d'enfants.

Cette solution apparaît à la fois impraticable, inefficace et peu souhaitable. En effet, les chances d'avenir pour l'humanité existent dans l'éloignement de l'appartenance au monde animal vers la conquête d'une identité humaine plus accomplie. Les possibilités de futur pour l'espèce humaine ne résident pas dans un retour à une simple identité naturelle, ni pour l'individu ni pour la famille, et cela d'autant moins que celle-ci obéit à des impératifs socio-culturels qui ont déjà perverti le rapport de chacun à une nature singulière. La famille, dès lors, est fondée à partir d'un manque d'éducation réelle à la sexualité pour chacun, le désir y étant laissé ou maintenu au niveau de l'instinct et/ou de la perversité, rachetés l'un et l'autre par une abnégation parentale au service de l'Etat et, différemment, des communautés religieuses.

Semblable organisation socio-culturelle suppose une immaturité humaine, encadrée par des habitudes ou des rites apparentés à ceux du monde animal, y compris dans les comportements que nous considérons comme le fait d'une générosité accomplie.

Un tel ordre implique également un système de règles et de normes définies extérieurement à la relation entre l'homme et la femme, règles et normes que les pouvoirs législatif et exécutif de l'Etat, et diversement des Eglises, se permettent d'édicter et de sanctionner jusque dans le plus intime de la relation charnelle, empêchant celle-ci de se vivre à deux. Le rapport à deux serait interdit sans l'intervention d'un troisième : de nature civile, religieuse ou naturelle.

Cet impératif de la présence d'un tiers signifie-t-il que la relation à deux n'existe pas encore ? Ou a-t-il pour but d'empêcher qu'elle advienne ?

Et pourquoi faire appel à la loi, humaine ou divine, de l'obligation ou de l'interdit là où cette relation se cherche ou s'accomplit ? Pour rappeler aux humains qu'ils sont humains ? Pourquoi, en ce cas, au nom du plus physique de la chair : la reproduction ? Au nom de ce qui va confondre aussi le deux en un, réduisant à une seule chair — déjà abstraite à moins qu'elle ne soit celle de l'enfant — les corps et les désirs de ceux qui s'aiment : l'homme et la femme ?

Tout cela ne paraît pas de bon augure pour la famille humaine, ramenée ainsi à une tribu reproductrice soumise à l'autorité d'un père-chef.

De cette autorité, beaucoup ne veulent plus.

Les femmes, d'abord, qui refusent désormais d'être considérées comme une simple terre repro-ductrice, qui exigent le droit à la parole, au désir, à la liberté, à l'« âme ». Cela ne signifie pas qu'elles ne veulent plus d'enfants mais qu'elles veulent pouvoir dire « oui » à l'engendrement en elles, qu'elles veulent des enfants faits de chair et de parole et non selon la modalité traditionnelle où la mère demeure le corps fécondé par l'esprit du père. Les femmes veulent co-créer avec l'homme à travers le corps et la parole, et pas seulement accueillir passivement et silencieusement la semence masculine, qu'elle soit matérielle ou spirituelle. Les femmes prétendent décider, au nom de leur nature certes, mais aussi de leurs capacités spirituelles. Elles refusent d'être assujetties à l'ordre paternel ou marital, privé ou public. Ce chapitre de l'histoire patriarcale semble en voie de disparition, quels que soient les régressions ou soubresauts actuels. A son dépassement contribue certes le travail des mouvements de libération des femmes, mais aussi la culture psychanalytique qui, bien qu'elle s'exprime encore trop souvent en termes de lois patriarcales, fait croître la conscience individuelle de la femme, l'incite à ne pas accepter comme un destin la souffrance, la privation de jouissance, la réduction à la passivité corporelle et affective.

Les enfants également critiquent l'autorité paternelle. Et, s'ils n'ont pas encore découvert une voie assurée pour un nouveau devenir, ils refusent néanmoins de se plier aux anciennes règles et normes patriarcales. Au mieux, les parents sont tolérés par eux comme amis, comme confidents.

Le temps de l'autorité sacrée du père paraît révolu. Certes, nous assistons à des mouvements paroxystiques de régression — comme il en va du côté des femmes —, à des requêtes d'une autorité absolue. Les époques de transition sont sujettes à des oscillations où le meilleur et le pire peuvent se manifester : par exemple, un début de révolution culturelle peut être suivi d'une répression formaliste plus terrible que celle qui précédait l'insurrection.

L'autorité du père de famille est donc contestée, dans la famille au sens strict mais aussi dans les diverses formes de familles, politiques ou culturelles. Et ce n'est pas avec de la répression patriarcale que la famille sera sauvée ou restaurée. Le retour au matriarcat ne semble pas non plus la meilleure solution, même si généralement il s'accompagne d'un rapport moins abstrait au monde naturel.

De l'identité naturelle à l'identité civile

Il existe une troisième voie, plus nouvelle et plus conforme au devenir humain : refonder la famille, non sur l'autorité parentale, paternelle ou maternelle, mais sur l'amour entre la femme et l'homme, l'homme et la femme.

Avant de prendre le temps de réfléchir, certains ou certaines diront qu'il en a toujours été ainsi. Mais ce n'est pas vrai. Il y a quelques années, la main de la fille était accordée au prétendant par son père, et l'homme acceptait celle-ci pour épouse à condition que ce choix s'accompagne d'une dot, qu'il s'agisse d'argent, de biens immobiliers ou terres, de nom, etc. L'amour entre les fiancés était donc soumis à des rites patriarcaux, qui ne le considéraient pas comme un engagement adulte entre un homme et une femme mais comme l'occasion d'une alliance contractuelle entre familles, possible grâce à certaines conditions.

De cette étape historique, il reste de nombreuses traces, notamment dans la législation. Ainsi, en France, l'âge légal du mariage est de 18 ans pour le garçon et de 15 ans pour la fille, soit l'âge de la majorité civile pour l'un et l'âge d'une maturité naturelle pour l'autre. Non encore majeure, la fille a besoin du consentement parental pour que le mariage soit valide; elle passe donc en quelque manière de l'autorité du père à celle du mari sans accéder d'abord à la majorité civile comme femme. Autre exemple propre à la plupart des codes civils les plus évolués : le partage de l'autorité parentale entre le père et la mère est juridiquement récent. Et c'est au neutre ou au masculin — comme « soutien de famille » — que la femme peut l'exercer et non en tant que femme.

Il n'existe pas encore une identité civile au féminin. Un des symptômes d'une telle carence est que l'Etat et les communautés religieuses ont pouvoir de légiférer sur le corps de la femme, sur ses grossesses par exemple.

Autre indice : la séduction ou la violence vis-à-vis de la femme, du corps féminin, apparaissent toujours comme un fait de société, un droit coutumier en quelque sorte, au sujet duquel l'Etat et les Eglises généralement gardent le silence. La femme semble encore un bien privé ou collectif vis-à-vis duquel le père, le mari, le citoyen ont des droits sans que l'intéressée ait son mot à dire. Et, selon certains codes pénaux, ce serait seulement vis-à-vis de sa conscience, ou vis-à-vis de Dieu, que l'homme serait coupable s'il violente une femme mais non vis-à-vis d'elle. Comment pourrait-elle être offensée elle-même? Elle n'est rien en tant que personne civile. Elle est un corps-nature à disposition : de l'instinct sexuel masculin, du désir ou besoin d'enfant, etc.

Parfois ce corps-nature pleure, crie, griffe ou mord, réellement ou symboliquement, mais cela ne revient pas encore à devenir une personne civile. Certain(e)s tentent de le consoler, de le guérir, avec des avantages privés ou publics, des paroles aimables ou complaisantes. Mais cela ne le transforme pas pour autant en personne civile.

Pour accéder au statut de personne civile, la femme doit passer de l'identité naturelle, surtout d'une identité naturelle imposée, à l'identité civile. Là se situe sa plus radicale et indispensable (r)évolution. Il ne s'agit pas seulement, pour elle, de critiquer le monde patriarcal, de s'affirmer hors de lui, autre que lui. Elle ne peut pas s'en tenir à la prise de conscience de cet univers historique pour passer au-delà de son horizon. Elle doit prendre conscience de soi comme femme. La tâche est extrêmement difficile. Qui est resté(e) des siècles durant réduit(e) à une identité naturelle ou à une conscience d'esclave ne peut se donner du jour au lendemain une conscience propre. Prendre en charge sa propre nature, lui donner positivement une fin, un but, une orientation, une « âme » ne se réalise pas en un jour.

Et, si les divers mouvements de libération de la femme ont accompli des choses extraordinaires en quelques années, ils n'ont pas pour autant rejoint cette étape. Une partie des femmes s'en tient généralement à la critique, à l'opposition, à la constitution d'un monde parallèle au monde masculin ; une autre partie se contente d'obtenir l'égalité aux hommes, en particulier à travers l'acquisition d'avantages sociaux. Les unes et les autres ont souvent affirmé une différence aux seuls niveaux affectif, subjectif, sans demander ni construire une dimension objective qui leur assure une identité propre, et leur permette une alliance avec l'autre moitié du ciel et de la terre.

A ce devenir féminin civilement autonome, s'opposent l'Etat et les communautés religieuses mais aussi les femmes elles-mêmes. Elles en restent souvent à l'âge de la puberté ou pré-puberté, à l'opposition au monde adulte d'aujourd'hui, qu'elles imitent et récusent à la fois, sans accéder à une réelle maturité humaine. Elles peuvent enfanter, certes, mais cela n'a en soi rien de particulièrement humain. Elles maternent, bien sûr, mais une enfant ou une adolescente peuvent le faire. Et il en va de même pour la tenue d'une maison. Ce qui serait le signe de la maturité humaine pour la femme serait de rester femme sans être assujettie au monde masculin ni à sa propre nature. Il s'agirait, pour elle, d'échapper à la simple soumission à la nature sans pour autant renier celle-ci : de pouvoir choisir l'amour, de pouvoir choisir la maternité.

Le partage charnel comme chemin spirituel

Cela paraît simple en paroles. De fait, de tels choix ne vont pas de soi. Il est compliqué de rester autonome dans le désir sans blesser ni le désirant, ni le désiré, ni le désirable. Cela nécessite la construction d'une intériorité qui nous fait encore défaut. Cette intériorité représente peut-être pour les femmes l'accès à une transcendance propre. Elle implique de respecter l'autre et de se respecter en assurant des ponts entre deux mondes irréductibles.

Si une telle tâche est confiée seulement à l'identité naturelle, à la reproduction, à la fonction parentale, l'alliance entre l'homme et la femme n'atteint pas à la maturité humaine, et l'identité singulière de chacun disparaît dans l'unité familiale. Une famille représente alors un maillon horizontal d'un organisme institutionnel dans le présent, et un maillon vertical dans l'ascendance ou descendance généalogiques et le déroulement de l'Histoire. La famille ne correspond pas au lieu d'accomplissement de la maturité humaine. Elle reste une tribu plus ou moins animale.

La voie de la réalisation de l'identité humaine se trouverait plutôt, non dans le renoncement à l'amour charnel, dans une chasteté privative, mais dans un partage charnel capable de dépasser l'instinct — également au niveau de la procréation —, l'appropriation, la possession, capable aussi d'aller au-delà de la retombée ou disparition de la conscience dans un retour à un soi-disant naturel qui ignore toute différence et toute transcendance.

Le partage charnel devient alors chemin spirituel, chemin poétique et aussi mystique, chemin de chasteté en un sens plus rigoureux qu'un renoncement pur et simple à la chair qui n'est pas encore renoncement à ses fantasmes, à ses productions illusoires ou idéologiques, qui souvent abolissent la dimension de l'intersubjectivité.

Le partage charnel devient découverte d'une mesure, expérience de la réalisation de soi dans la conscience d'une limite, et d'une complicité à respecter avec l'autre. L'amour s'accomplit à deux grâce à l'ouverture à l'autre comme autre, à son être irréductible, grâce au renoncement à être le tout à soi seul(e). L'amour a lieu dans l'ouverture à soi qui est le lieu de l'accueil à la transcendance de l'autre. Dans ce cas, il n'a rien d'une chute ou rechute ; il est plutôt élévation, échelle de Jacob, transsubstantiation ou transfiguration de la chair.

Le chemin d'un tel accomplissement de la chair ne correspond pas à un rêve solipsiste de Luce Irigaray, ni à une utopie de fin de siècle, mais à une étape nouvelle à réaliser par l'humanité. Elle seule semble pouvoir refonder la famille dans le sens d'un progrès historique qui se manifeste à la fois comme démocratie plus réelle au niveau politique et, au niveau religieux, comme nouvelle alliance « sacramentelle » — même si elle se célèbre seulement par un mariage civil — que se confèrent ceux qui s'aiment, « sacrement » conjugal qui n'a rien à envier au sacerdoce, ministère plus social et collectif que ne l'est le mariage.

A une époque où la sexualité a perdu une part de ses secrets et de ses tabous, faire du partage charnel une voie spirituelle, une voie de « salut » pour le désir solitaire, ouvre un bel horizon pour une refondation de la famille. Elle devient le lieu non d'une répression ou d'une exploitation de la chair mais d'un cheminement poétique, voire mystique, de l'amour, chemin de renoncement à l'amour absolu de soi en vue d'accomplir l'amour avec l'autre dans le dessaisissement et de soi et de l'autre, aussi bien affectivement qu'intellectuellement. La sexualité ne se contente plus de perversion aveugle, de séduction nihiliste ni de production d'une énergie plus ou moins abstraite, elle ne prétend ni dominer ni assujettir à travers une technique, elle devient abandon à l'ouverture de soi et de l'autre vers une sagesse encore inconnue.

Tout s'en trouve modifié : le mode de percevoir, de toucher, de parler. Tout a lieu et se réalise à deux, dans le respect de l'autre dont l'irréductibilité se transforme en un mystère qui illumine.

La nature alors ne se dompte plus mais s'épouse dans ses rythmes, ses nécessités, le chemin de son devenir, de sa croissance. Caresser perd le sens de capturer, envoûter, s'approprier, que ce geste garde dans le discours de certains des derniers philosophes masculins : Sartre, Merleau-Ponty, Levinas, par exemple. La caresse se fait parole tactile qui rappelle que nous sommes deux : *je* et *tu,* qui éveille chacun à soi et à l'autre, qui invite à abandonner la clarté du jugement pour rejoindre une lumière plus nocturne, celle de la sensibilité, celle de la chair, celle de l'âme peut-être. Caresser ne se limite plus à être consolation maternelle, apaisement de la douleur, ni invite à retomber dans l'enfance, l'animalité, l'inconscience corporelle. La caresse devient moyen de croître ensemble vers une maturité humaine qui ne se confond pas avec une compétence intellectuelle, avec la possession de biens — parmi lesquels les corps de l'aimé(e) et des enfants —, ni avec la domination du monde, à commencer par le petit monde de la maison, de la famille. L'amour, y compris charnel, devient construction d'une nouvelle identité humaine à travers cette cellule de base de la communauté : la relation entre l'homme et la femme.

Devenir parents, devenir citoyens

L'engendrement se produira de soi-même quand la surabondance de l'amour voudra des fruits autres que le devenir de l'homme et de la femme. Mais la génération ne doit pas s'imposer comme limite a priori de l'amour sous peine de mutiler l'identité de l'homme, de la femme et de l'enfant.

Il ne semble pas qu'un avenir possible pour la famille se trouve dans son caractère naturel considéré comme « sacré », comme l'a encore écrit récemment Jean-Paul II à tous les chefs d'Etat, à l'occasion de la conférence du Caire, invoquant, pour soutenir son propos, l'article 16(3) de la Déclaration universelle des droits de l'homme affirmant que la famille est « l'élément naturel et fondamental de la société » (« Actes du pape Jean-Paul II », *Osservatore Romano* du 8 avril 1994, traduction française dans *La Documentation catholique* du 15 mai 1994). De telles paroles paraissent l'héritage d'un paganisme assez naïf et elles annulent le déroulement de l'Histoire, en particulier chrétienne.

Ce n'est pas la réduction de la famille à sa dimension naturelle qui peut lui assurer un futur, mais une culture de l'union entre l'homme et la femme dans le respect de leurs différences, ce qui implique que la nature devienne conscience. Pour être et rester deux dans l'amour, y compris charnel, il est nécessaire, en effet, que le corps devienne chair éveillée par la conscience. Il est nécessaire que l'homme et la femme jouissent d'une dignité équivalente et qu'ils découvrent ensemble comment allier la nature et la spiritualité à travers leurs différences de corps et de subjectivité.

Nul doute que, s'ils accomplissent ainsi leur

alliance, l'homme et la femme deviendront des citoyens préparés au partage démocratique de la vie communautaire : l'étape la plus difficile pour y parvenir, ils l'ont en effet déjà franchie.

Un tel parcours amoureux conduira également l'homme et la femme à acquérir une possible identité parentale. La coexistence horizontale entre les sexes, coexistence la plus nécessaire, la plus désirable mais la plus difficile à réaliser, porte naturellement et spirituellement au respect des ancêtres et à l'hospitalité envers les générations futures. Mais il ne convient pas d'imposer comme impératifs ou obstacles *avant* ce qui se réalisera de soi-même *après*.

La première et principale tâche pour fonder ou refonder une famille réside dans le travail de l'amour entre un homme et une femme, une femme et un homme, qui, au nom du désir, se proposent de vivre ensemble durablement, d'allier, en eux et entre eux, la naissance ponctuelle de l'attrait à la perpétuation de l'amour, l'instant à l'éternité.

Indications bibliographiques

Luce Irigaray, *Ethique de la différence sexuelle*, Editions de Minuit, 1984.

— *J'aime à toi*, Grasset, 1992.

— « Transcendants l'un à l'autre », dans *Homme et femme, l'insaisissable différence*, ouvrage collectif réalisé par Xavier Lacroix, Cerf, 1993.

— *La democrazia comincia a due*, Bollati-Boringhieri, 1994.

— *Etre deux*, Grasset, 1997.

S'APPROCHER DE L'AUTRE EN TANT QU'AUTRE

Nous avons été éduqués à faire nôtre tout ce qui nous plaisait, tout ce que nous admettions dans notre proximité, notre intimité, tout ce qui nous entourait.

Au niveau de la connaissance, au niveau des sentiments, ce que nous approchons, ce qui nous approche, nous le faisons nôtre.

Notre manière de raisonner, notre manière d'aimer même, correspond à une appropriation. Notre culture, notre éducation scolaire, notre formation culturelle le veulent ainsi : apprendre, savoir, c'est faire sien par des instruments de connaissance capables, croyons-nous, de saisir, de prendre, de dominer toute la réalité, tout ce qui existe, tout ce que nous percevons, et au-delà.

Nous voulons avoir le monde entier dans

notre tête, parfois le monde entier dans notre cœur. Nous ne nous apercevons pas que ce geste transforme la vie du monde en quelque chose de fini, de mort, parce que le monde perd ainsi sa vie propre, toujours étrangère à nous, extérieure à nous, autre que nous.

Ainsi, si nous saisissions exactement tout ce qui fait le printemps, nous en perdrions sans doute la contemplation émerveillée devant le mystère de la croissance printanière, nous en perdrions la vie, la vitalité, à laquelle ce renouveau universel nous fait participer sans que nous puissions connaître ni dominer d'où nous viennent la joie, la force, le désir qui nous animent. Si nous pouvions analyser chaque élément d'énergie qui nous arrive dans l'explosion du printemps, nous en perdrions cet état global que nous éprouvons en y baignant par tous nos sens, tout notre corps, toute notre âme.

Cet état, j'ai envie de dire cet état de grâce, dans lequel nous met le printemps, nous le retrouvons parfois, du moins partiellement, quand nous sommes immergés dans un nouveau paysage, dans une manifestation cosmique extraordinaire, quand nous baignons dans un environnement qui nous est à la fois perceptible et imperceptible, connaissable et inconnaissable, visible et invisible. Nous sommes ainsi situés dans un milieu, dans un événement qui échappent à notre contrôle, à notre savoir-faire, à notre invention, à notre imagination. Et notre réponse à ce « mystère » est ou pourrait être l'étonnement, l'émerveillement, la louange, parfois l'interrogation, mais non la reproduction, la répétition, la maîtrise, l'appropriation.

La transcendance irréductible du tu

L'état que provoquent en nous le printemps, certains paysages, certains phénomènes cosmiques se produit parfois au début d'une rencontre avec autrui.

C'est dans les premiers moments de l'abord entre nous, que l'autre nous émeut le plus, nous touchant alors de façon globale, inconnaissable, immaîtrisable. Puis, trop souvent, nous le faisons nôtre — par la connaissance, la sensibilité, la culture. Entrant dans notre horizon, dans notre monde, l'autre perd l'étrangeté de son attrait. Sa présence nous englobait d'un certain mystère, nous communiquant un éveil à la fois corporel et spirituel. Mais nous le réduisons à nous, nous l'englobons à notre tour : de notre savoir, de notre affection, de nos coutumes. A la limite, nous ne le voyons plus, nous ne l'entendons plus, nous ne le percevons plus. Il fait partie de nous. A moins que nous ne le rejetions.

L'autre est dedans *ou* dehors, pas dedans *et* dehors, faisant partie de notre intériorité tout en nous restant extérieur, étranger, autre. Nous éveillant, par son altérité même, son mystère, par l'in-fini qu'il ou elle représente encore pour nous. C'est quand nous ne le connaissons pas, ou quand nous acceptons qu'il nous reste inconnaissable, que l'autre nous illumine en quelque sorte, mais d'une lumière qui nous éclaire sans que nous puissions la comprendre, l'analyser, la faire nôtre. La totalité de l'autre, telle celle du printemps, telle celle du monde environnant parfois, nous touche au-delà de toute connaissance, de tout jugement, de toute réduction à nous, au nôtre, à ce qui nous est de quelque façon propre. En termes un peu savants, je pourrais dire que l'autre, l'autre comme autre, se tient au-delà de tout ce que nous pouvons en prédiquer. Il n'est jamais ceci ou cela que nous lui attribuons. C'est en tant qu'il échappe à tout jugement de notre part, que l'autre émerge comme *tu*, toujours autre et inappropriable par *je*.

Reconnaître le *tu* comme irréductible à nous, inconnaissable et imperceptible par nous dans sa totalité, ne nous est pas habituel. Ce *tu*, notre culture l'a généralement confié à Dieu, qui plus est au Dieu-Père. Nos habitudes de pensée, nos habitudes éthiques ou politiques vis-à-vis de l'autre ici maintenant présent à nous ou avec nous — charnellement, corporellement — vont plutôt dans le sens de le réduire à nous, au nôtre, ou de le transformer en un *il*, parfois en un *elle*, de quelque façon réduit en « objet » de connais-sance ou en « objet » d'amour.

Ainsi, jamais sans doute une époque n'a autant parlé de l'autre que la nôtre, mondialisa-tion et migrations obligent. Mais, trop souvent, cet autre est ramené à un objet d'étude, à un enjeu de stratégies socio-politiques diverses visant de quelque façon à l'intégrer à nous, à notre monde. Nous évitons ainsi le problème de la ren-contre avec l'étranger, avec l'autre. Nous évitons de nous laisser émouvoir, interroger, modifier, féconder par l'autre en tant que tel. Nous ne cherchons pas la voie pour une cohabitation ou une coexistence entre sujets de valeurs différentes mais équivalentes. Nous fuyons le dialogue avec un *tu* irréductible à nous, avec celui ou celle qui ne sera jamais ni *je*, ni *moi*, ni *mien*. Et qui, pour cette raison même, peut être un *tu*, quelqu'un avec qui j'échange sans *le* ou *la* réduire à moi, ni *me* réduire à *lui* ou à *elle*.

La transcendance du *tu* comme autre ne fait pas encore, réellement, partie de notre culture. Au mieux, l'autre y est respecté au nom de la tolérance, y est aimé en Dieu, y est reconnu comme un égal ou un semblable. Mais cela ne revient pas encore à percevoir et respecter l'irréductibilité de l'autre, à reconnaître son irréductible différence par rapport à moi.

Ce lâcher prise du sujet, ce laisser être du *je* vis-à-vis de ce qu'il est, de ce qu'il connaît, ce qu'il a fait sien, cette ouverture d'un monde propre, et éprouvé comme familier, pour y accueillir l'étranger, tout en restant soi et le laissant être autre, ne correspondent pas à nos habitudes mentales, à notre logique occidentale.

Dominer, maîtriser nous a été enseigné comme le règne de la raison plus qu'accepter nos limites, pour cohabiter, coexister, co-créer même, avec ce qui nous dépasse, nous déborde, nous reste irréductiblement extérieur et étranger.

Nous avons appris à penser à partir d'un certain nombre de dichotomies entre sensible et intelligible, nature et esprit, corps et âme, sujet et objet, etc. Et nous ne savons pas comment refondre de telles catégories pour rejoindre une culture de l'altérité, de la relation avec l'autre comme tel, de la reconnaissance de l'autre comme irréductible à nous, pour faire alliance avec lui, ou avec elle, dans le respect de nos valeurs et limites respectives.

Au mieux, nous sommes parfois de bons patriarches, de bonnes matriarches. Mais ce comportement généalogique, impliquant nature et hiérarchie, évite encore la rencontre avec l'autre : celui ou celle que je dois horizontalement reconnaître comme équivalent à moi, dans le respect radical de sa/ses différence(s).

Deux événements de notre temps nous contraignent à repenser notre rapport à l'autre comme autre : 1. le mélange des races et des ethnies qui fait désormais partie de notre paysage quotidien, 2. la reconnaissance de l'importance du genre du point de vue culturel. On pourrait y ajouter une certaine coexistence des générations qui ne permet pas à la généalogie de conserver sa fonction passée.

En fait, nous entrons dans une époque de mixité généralisée, et nos habitudes mentales ou communautaires fondées sur l'identique à soi, le propre, le semblable, le même, l'égal, et leur reproduction, risquent d'être incapables de résoudre harmonieusement les problèmes de différences que nous avons à gérer.

Faire du Noir l'égal du Blanc, de la femme l'égale de l'homme, c'est encore les plier, sous couvert de générosité paternaliste, aux modèles mis en place par l'homme occidental, qui résiste à coexister avec le différent. Il accepte même de devenir un peu Noir ou un peu femme plutôt que d'en passer par une révolution de pensée aujourd'hui incontournable. Toutes les stratégies d'intégration — avec du plus et du moins, des renversements de hiérarchie, des mélanges et des cumuls de cultures, de langues, d'identités —

oui, mais non au geste qui reconnaît que le sujet n'existe que grâce à des limites et que, devant l'univers et surtout devant l'autre, il se structure non pas en maîtrisant et en dominant mais en acceptant qu'il n'est pas tout, qu'il ne représente qu'une part de la réalité et de la vérité, que l'autre est à jamais un *ni je, ni moi, ni mien,* et non un : *pas encore je, pas encore mien* à intégrer à moi ou à nous.

La différence sexuelle, fondement de l'altérité

Pour cette révolution de pensée, d'éthique, de politique, qui s'impose à nous aujourd'hui, la différence sexuelle représente la question la plus intéressante.

D'abord, elle est mondiale, et elle nous permet, comme telle, de définir un modèle de communauté mondial.

Ensuite, c'est souvent la façon de traiter cette différence — dans le rapport sexué ou dans le rapport généalogique — qui est à l'origine de différences de tradition, de culture, se manifestant notamment dans le droit coutumier. Lui trouver une régulation démocratique aiderait à la coexistence des cultures.

En outre, cette différence est celle qui peut unir le plus naturel au plus culturel, en nous obligeant à un nouveau pas dans la construction d'une civilisation.

En effet, dans nos cultures, la femme reste encore souvent le pôle nature d'une culture au masculin. Si chaque genre assume, en soi et pour soi, la spécificité de sa nature et en élabore la culture, un nouveau type de civilité se mettra en place où la dualité des genres deviendra, grâce à leurs différences, féconde culturellement, et non seulement naturellement comme elle l'est encore trop exclusivement aujourd'hui.

Refonder la société, la culture sur la différence sexuelle, c'est aussi remettre radicalement en cause la notion de propre, de propriété, d'appropriation qui gouverne nos habitudes mentales et sociales. C'est apprendre, au plus intime, au plus passionné et charnel de la relation à l'autre, à renoncer à toute possession, toute appropriation, pour respecter, dans la relation, les deux sujets, sans jamais réduire l'un à l'autre.

Affirmer que l'homme et la femme sont réellement deux sujets différents ne revient pas pour autant à les renvoyer à un destin biologique, à une simple appartenance naturelle. L'homme et la femme sont *culturellement* différents. Et il est bien qu'il en soit ainsi : cela correspond à une construction différente de leur subjectivité. La subjectivité de l'homme et celle de la femme se structurent à partir d'une *identité relationnelle* spécifique à l'un et à l'autre, identité relationnelle qui se tient entre nature et culture, et qui assure un pont à partir duquel il est possible de passer de l'une à l'autre en les respectant toutes les deux.

Cette identité relationnelle spécifique, ou propre (le mot est utilisé maintenant dans un autre sens, non de possession mais de détermination subjective ou objective), est basée sur différentes données irréductibles : la femme naît d'une femme, de quelqu'un de son genre, l'homme naît de quelqu'un d'un autre genre que lui-même ; la femme peut engendrer en soi comme sa mère, l'homme engendre hors de soi ; la femme peut nourrir de son corps, l'homme nourrit l'autre grâce à son travail ; la femme peut engendrer en elle le masculin et le féminin, l'homme, en fait, intervient en tant qu'homme avant tout dans l'engendrement du masculin.

La première situation relationnelle est donc très différente pour la fille et le garçon. Et ils construisent leur relation à l'autre de manière très diverse. La fille se trouve immédiatement dans un rapport entre sujets du même genre qui l'aide à structurer un rapport à l'autre, plus difficile à élaborer pour le garçon. Par contre, la fille, la femme est fragilisée par l'intervention de l'autre en elle : dans l'amour, dans la maternité.

La construction de la subjectivité pour la femme implique qu'elle sorte d'un rapport exclusif à la même que soi, la mère, et qu'elle découvre la relation avec un autre différent, tout en demeurant elle-même. Les stratégies égalitaires ou séparatistes ne peuvent résoudre un tel problème. Ce qui peut assister la femme à devenir sujet, c'est la découverte de l'autre, le masculin, comme transcendant horizontalement, et non verticalement, à elle. Ce n'est pas la soumission à la loi d'un Père qui peut permettre à la femme de devenir elle-même, corporellement et culturellement, mais la reconnaissance consciente et volontaire, dans l'amour et dans la civilité, de l'autre comme autre. Ce devenir culturel de la femme pourra ensuite aider l'homme à devenir homme, et non seulement maître et père du monde, comme il en a trop souvent été dans l'Histoire.

Il semble que la femme doive enfanter l'homme non seulement corporellement mais aussi spirituellement. Certaines traditions religieuses ont parfois manifesté clairement cette réalité.

L'assimilation ou l'intégration du féminin au monde masculin représente donc un réel péril pour la vie relationnelle, privée ou collective. Cela ne signifie pas que la femme doit rester la gardienne de l'amour au sens traditionnel, mais qu'elle doit être celle qui initie à la vie relationnelle et qui la sauvegarde dans la vie privée et publique.

LA MIXITÉ, PRINCIPE DE REFONDATION
COMMUNAUTAIRE

Il n'y a pas si longtemps, la fondation d'un foyer était une affaire d'alliance entre propriétés, entre noms, entre droits coutumiers. La fille et le garçon étaient autorisés à quitter la maison paternelle à condition d'en perpétuer le patrimoine, les titres, les mœurs. Partir de chez soi, oui, mais pour rester entre soi.

Le mariage devait préserver la fortune de toute dégradation, les usages de tout changement. Rien d'étranger ne devait altérer l'intimité construite entre mêmes, transmise par les ancêtres. La tâche principale des futurs époux revenait à en confier l'héritage à leurs enfants. Le but de la famille était en fait de garder et de faire proliférer les biens : mobiliers, immobiliers, culturels, humains.

C'est ainsi qu'elle s'acquittait de son rôle vis-à-vis d'une société dont elle assurait une fondamentale permanence, autorisant à ce prix une évolution historique plus secondaire.

La famille n'est plus ce qu'elle était!

L'unanimité européenne sur le fait que la famille doit rester intouchable continue d'aller dans ce sens. Il en va de même pour le recours indigné à l'inviolabilité du privé invoqué contre la requête de droits pour les personnes passant à l'intérieur même de l'unité d'un foyer : droits pour les femmes et les enfants, par exemple[1].

N'est-ce pas vouloir s'aveugler sur ce qui se passe déjà? L'unité familiale est, depuis quelque temps, soumise à des transformations qui en ont changé les données. Quand elle subsiste, c'est au

---

1. Se reporter à ce propos à Luce Irigaray, « La famille commence à deux » (publié en un premier temps dans la revue *Panoramiques : La famille malgré tout,* n° 25, 1996); *Sexes et parentés,* Editions de Minuit, 1987; *Je, tu, nous,* Grasset, 1990; et *J'aime à toi,* Grasset, 1992.

prix de mutations qui en ont modifié le sens. La composition d'une entité naturelle, étayée d'une institutionnalisation juridique, fonctionne désormais partiellement comme idéologie. Il y a à cela divers motifs. La fidélité à un seul droit coutumier n'est possible de nos jours que dans certains secteurs de la société, et encore... Les richesses et propriétés? Semblent avoir quelque peu déserté le monopole familial pour devenir l'apanage des industriels, des banquiers, et autres brasseurs d'affaires, tels les Etats. L'autorité des ancêtres? Ne se trouve-t-elle pas ébranlée par les droits de l'amour et du désir? Sans parler de la transformation des idéaux, de la « chute des idoles ».

Bref, cette base fixe d'une société traditionnelle, la famille, ne se perpétue qu'au prix de mutations qui en remanient les normes et les valeurs. Un couple constitué par une femme et un homme de traditions, voire de races, diverses, entourés d'enfants, pour une part naturels pour une part adoptés, vivant sans stabilité économique ni locale, de manière plus ou moins nomade et multiculturelle, pourrait en figurer un exemple.

Les institutions évoluent moins vite que la réalité! Et ce décalage est particulièrement évident aujourd'hui. Il est vrai que le changement a été rapide, et il peut se comprendre que les citoyens et administrateurs s'en trouvent quelque peu décontenancés. Le lieu sacro-saint de la sauvegarde des coutumes ne ressemble-t-il pas à un micro-chantier international en construction? Ce qui devait assurer la permanence du même n'est-il pas traversé de nos jours par des différences étrangères à nos usages et à nos connaissances? Le renversement de la tradition n'a-t-il pas envahi le cœur même de ce qui en assurait la pérennité?

L'évolution est tellement brusque et imprévue que les consignes les plus régressives semblent vouloir couvrir d'un voile ou étouffer l'évidence de sa réalité. Et, au lieu de se demander comment traiter cette fondamentale innovation socio-culturelle, on se préoccupe de diverses formes d'intégration qui stérilisent ses potentiels plutôt que d'en promouvoir la fécondité.

A bien y regarder, ne nous trouvons-nous pas face à des laboratoires où s'élabore, en raccourci, le devenir historique de l'humanité? Des éléments culturels, que les enfants auraient appris avec difficultés à longueur d'année sur les bancs de l'école, leur sont offerts à la maison, ou avec les copains, comme bribes de la vie quotidienne. Si la diversité est admise et respectée, dès le plus jeune âge, l'enfant apprendra une deuxième langue, se familiarisera avec plus d'une tradition, sera éduqué à la tolérance vis-à-vis de l'étranger.

Tandis que les autorités publiques se pencheront sur le difficile problème de l'intégration, les familles nouvelles auront initié les jeunes générations à une cohabitation multiraciale, multiculturelle, etc. Vouloir intégrer ne signifie-t-il pas, en effet, prétendre réduire la diversité dans un modèle unique, déjà caduc dans les faits? Si la famille est le noyau résistant de la construction sociale, n'a-t-elle pas déjà dit « non » à cette uniformisation imposée par le haut? N'a-t-elle pas déjà choisi la différence comme tremplin de survivance?

Intégrer ou coexister?

Curieusement, ce qui s'impose à notre époque, et par le haut et par le bas, se trouve encore

contrarié par des habitudes administratives, juridiques, politiques, qui refusent de se mettre en
question. Cela contraint, il est vrai, à une révolution du mode de penser dont peu réalisent la
nécessité. Dont peu sont capables? Sauf les
enfants? Et les désirants?

Mais les contradictions évidentes du monde
actuel obligent au changement des principes qui
le gouvernent. L'entropie croissante de nos organisations socio-culturelles nécessite le passage à un
autre ordre. Il n'est pas possible, par exemple, de
préconiser l'abandon de la souveraineté nationale
pour les besoins de la construction de l'Union
européenne et de prétendre, par ailleurs, intégrer
les immigrants à une nation. De telles inco-
hérences sont amenées à se confronter un jour ou
l'autre; ce qui ne contribue pas à l'élaboration, ni
même au maintien, d'une communauté civile.

Comment donc traiter le problème du
mélange qui a envahi une tradition occidentale
fondée sur une logique de l'identique à soi, du
même, du semblable, de l'égal?

Plutôt que de recourir à des normes impuis-
santes à solutionner de nouvelles données, il est

préférable d'interroger les ressources de la situation et de leur découvrir une structuration positive possible.

Ainsi, un couple formé d'une Blanche et d'un Noir peut, du fait de sa pluriracialité, devenir un lieu d'éducation civique au dépassement de l'instinct, inné ou acquis, mais il peut aussi régresser au niveau d'une instinctualité humaine en se coupant de la société ambiante perçue comme rejetante, incapable de le reconnaître comme tel. Ce qui ne peut signifier : ramener les deux au même. Si la différence a nourri le désir, pourquoi ne pas la respecter ?

En fait, tout attrait est fondé sur une différence, un « inconnu » du sujet désirant, à commencer par ce qui pousse le garçon et la fille, l'homme et la femme l'un vers l'autre. La convivialité entre les citoyens ne serait-elle pas meilleure si elle s'entretenait du goût pour ce qui diffère de soi ? Pourquoi exclure ce ferment de liaison de la composition de l'ensemble d'une société ?

Certes, celle-ci a besoin d'un minimum de règles communes. Mais elles ne sont pas impossibles à découvrir.

La communauté civile est basée sur l'entité familiale, celle-ci étant à son tour fondée sur l'union de l'homme et de la femme. La dualité des sexes traverse toutes les races, toutes les cultures, toutes les traditions. Il est donc possible d'organiser une société à partir de cette différence. Elle présente le double avantage d'être mondialement partagée et de pouvoir conjoindre le plus élémentaire du naturel au plus spirituel du culturel.

Je ne renvoie pas ainsi à un mauvais usage de la différence sexuelle, qui laisse la femme gardienne du pôle nature d'une unité dont l'homme assure le pôle culture. Je pense à un rapport entre les sexes où femme et homme ont chacun une subjectivité différente, basée notamment sur une identité relationnelle et un rapport au langage propres[1].

Si le désir entre la femme et l'homme arrive à rejoindre un statut civil, tout en respectant la/les

____

1. Se reporter à ce propos à Luce Irigaray, *J'aime à toi, op. cit.*, et « Homme et femme, une identité relationnelle différente », dans Ephesia, *La place des femmes,* La Découverte, 1995.

différence(s) entre eux, la relation entre les genres peut servir de paradigme relationnel pour la refondation d'une famille au sens strict et, plus généralement, d'une société mixte, dans toutes les acceptions du terme. Arriver à respecter l'autre de la différence sexuelle, sans réduction du deux à l'un, au même, au semblable…, représente une voie universelle pour accéder au respect des autres différences.

Une législation de conception nouvelle

Mais l'appel aux grands sentiments ne suffit pas pour passer de la considération réservée au même à la considération vis-à-vis de l'autre. Quelque chose doit changer dans le mode de penser, qui échappe à la simple bonne volonté. Les modifications à réaliser sont d'ailleurs multiples et complexes. Et le rythme auquel elles peuvent s'accomplir diffère d'un individu à l'autre, d'un secteur socio-culturel à l'autre.

Il s'agit donc de définir un cadre objectif grâce auquel de telles mutations sont réalisables sans déstructuration de la communauté civile. Cette évolution historique semble pouvoir avoir lieu de manière pacifique et féconde à partir de la formulation d'un supplément de législation garantissant les droits des personnes comme telles.

Le Code civil actuel traite avant tout de garanties relatives aux propriétés des citoyens, le corps lui-même entrant dans le registre d'un « bien » dont l'Etat doit assurer la protection. Prolixe sur les rapports à la propriété, la loi est jusqu'à présent fort peu explicite sur son rôle en matière de défense de l'identité et de la dignité des citoyens, de leur accès au monde symbolique, des relations entre eux. Tous ces aspects de la citoyenneté, qui ne relèvent pas directement du règne de l'« avoir » mais ont davantage rapport à l'« être », sont encore quasiment inconnus de nos législateurs. Parfois perçus quand il s'agit d'intervenir chez les autres, comme en témoignent certains articles de la Charte des droits de l'homme, ils semblent rester ignorés quand nous sommes impliqués. Et nous sommes prêts à confondre l'autre avec nous-mêmes, notamment à l'intérieur de nos frontières, pour ne pas interroger nos codes juridiques. Pour ne pas aborder le noyau irréductible de l'humain, que la mixité nous oblige à considérer hors de nos usages culturels.

La mixité généralisée de notre époque nous met en face de deux stratégies possibles : ou aller plus avant dans la réduction de l'autre au même, ou reconnaître la différence comme un caractère fondamental du vivant. La première voie nous mène à une réduction neutralisante qui confine au fantomatique ; elle correspond, hélas ! à nos habitudes, en particulier juridiques. La deuxième nous rend à une consistance, y compris charnelle, qui demande une nouvelle élaboration culturelle. Il nous manque encore une culture de l'inter-sexes, de l'inter-races, de l'inter-traditions, etc. La mondialisation n'a jamais été aussi concrètement présente à nous, mais les moyens, subjectifs et objectifs, d'assumer cette réalité historique sont encore à élaborer.

Le rassemblement d'hommes et de femmes qui jusqu'ici vivaient éloignés les uns des autres, inconnus les uns des autres, conduit à mieux réaliser la complexité de l'identité humaine, la multiplicité de ses facettes subjectives, ses aspirations et ses difficultés relationnelles, son besoin de

cadres objectifs pour se développer individuelle-
ment et cohabiter dans la paix.

Dans cette coexistence mondiale, nous découvrons un fait particulièrement évident : la
conception de notre culture traditionnelle est à
repenser. L'Occident a fondé le rationnel sur la
domination du monde naturel. L'appartenance à
une nature humaine y est conçue comme un mal
nécessaire qu'il importe de transformer en catégories abstraites dès que possible : règles linguistiques, concepts philosophiques, critères scienti-
fiques, normes juridiques, dogmes religieux, etc.
C'est en se distanciant d'une sensibilité encore
liée à la nature, que la subjectivité humaine
devrait socialement se cultiver. Les poètes, les
mystiques, les femmes, les enfants, les « sau-
vages » resteraient les marginaux sous tutelle d'un
monde dominant étranger au corporel, à l'affect,
au vivant comme tel. Dans cette perspective,
tout ce qui évoque la nature doit être encadré,
éduqué, travesti par des usages neutres qui en
réduisent les singularités.

Chassez le naturel, il revient au galop

Cette conception de la réalité et de sa possible élaboration en monde ne résiste pas à l'avènement, y compris parmi nous, du mondial. Partout resurgit un naturel irréductible à nos coutumes et à nos encadrements, et qui nous met au défi de l'accueillir démocratiquement.

Comment le faire sans prendre en considération les différences d'âge, de sexe, les différences de race, sans parler de leurs diverses constructions symboliques, variant d'une culture à l'autre? Le travail ne manque pas pour éviter, en la matière, tout autoritarisme, tout totalitarisme! D'autant qu'il implique le changement des mentalités. Là où nous avons été invités à maîtriser la nature, il s'agirait d'apprendre à la respecter. Là où l'idéal nous a été présenté comme la résorption du tout dans l'un absolu, il s'agirait de reconnaître le mérite de limites insurmontables. Là où le respect du même s'étendait, verticalement, du fils au Dieu-Père et, horizontalement, à la communauté universelle des hommes, il importerait désormais de savoir entrelacer amour du même et amour de l'autre, fidélité à soi et

185

devenir avec l'autre, sauvegarde de l'identique et de la similitude pour la rencontre avec le différent.

C'est un programme nouveau, pour lequel nous manquons de formation. La fécondité culturelle n'y serait plus liée au perfectionnement d'un unique sujet en relation, complice ou rivale, avec ses pairs. Elle se recevrait de l'écoute et des effets de la mixité, la différence s'y révélant source, non seulement de fécondité naturelle entre l'homme et la femme, mais aussi de productions spirituelles et symboliques dont le caractère inédit serait à la mesure des situations auxquelles nous sommes quotidiennement confrontés.

La plus intéressante est probablement celle des familles où divers types de mixité se croisent. La résistance de l'appartenance à une identité naturelle y apparaît dans l'axe horizontal qui conjugue les sexes et dans celui, vertical, qui articule les générations. Ces deux axes se manifestent comme les seuls universels, et capables par là de ramener dans leur économie la dimension de la race.

Paradoxalement, ces coordonnées fondamentales se heurtent à des obstacles qui en sont les sous-produits symboliques. Le droit coutumier, en effet, se résume, pour sa plus grande part, à des règles concernant les usages dans les relations entre les sexes et entre les générations. Les variations entre ces règles s'expliquent par des rapports de subordination non homogènes d'une tradition à l'autre. Découvrir un ordre non fondé sur l'assujettissement, pour une coexistence démocratique dans la mixité, offre donc une voie d'abord des problèmes de mixité culturelle.

Si la femme et l'homme sont considérés comme des individus de dignité et de valeur équivalentes, certaines diversités dans les normes coutumières et juridiques peuvent se trouver une plate-forme commune. Ainsi, les différences entre les codes matrimoniaux traduisent le plus souvent des degrés variables d'oppression de la femme par l'homme, qu'il s'agisse d'âge légal du mariage, d'accès à la propriété pour chacun des époux, de statut parental respectif, mais aussi de polygamie, de droit à la répudiation du conjoint, de normes sexuelles allant de l'obligation faite à la femme de suivre son mari aux plus atroces mutilations corporelles.

Le droit à l'identité culturelle et juridique pour chacun des deux sexes peut résoudre de telles divergences qui témoignent plus de degrés d'esclavage ou d'émancipation que de réelles diversités. Repenser les composantes irréductibles de l'identité masculine et de l'identité féminine dans leurs aspects passibles d'une formulation juridique s'impose comme une étape préalable pour accéder à une mixité généralisée. La tâche n'est pas impossible. Il suffit d'être attentif aux contenus des revendications qui s'expriment ici ou là pour entendre qu'elles se ramènent à quelques droits à édicter objectivement et à faire appliquer. Du côté des femmes, l'opération est particulièrement nécessaire car elles émergent d'une séculaire tutelle patriarcale qui les laisse sans identité juridique, en particulier dans le contexte familial.

Le rôle clé des familles mixtes

Mais l'individu humain ne se réduit pas à une entité économique, et les efforts de nos sociétés vers une plus grande égalité entre les sexes à ce niveau, outre qu'ils sont insuffisants et parfois plus virtuels que réels, n'épuisent pas les apports législatifs nécessaires aux femmes : droit à la dignité humaine, y compris dans le domaine sexuel au sens strict, droit au choix libre et responsable de la maternité, droit à une langue, une religion, une culture valorisantes, etc.

Ces droits, relatifs à la protection civile d'un « être » spécifiquement féminin, font encore défaut. L'unité familiale, conçue comme un tout dans lequel l'homme, la femme et les enfants renoncent à leur singularité juridique pour composer une unité fondée sur une mixité exclusivement naturelle, en est, pour une grande part, la cause. Mais elle est aussi, aujourd'hui, la raison d'une évolution. Outre le refus de bon nombre de femmes d'assurer désormais le pôle nature indifférencié dans le couple, la famille ou la société, la mixité culturelle vient renforcer l'urgence d'une auto-tutelle juridique pour chaque membre d'une famille où l'identité naturelle est parfois complexe et diversement relayée par l'appartenance culturelle.

Pour que la mixité ne devienne pas une cause

de régression mais un facteur de progrès, il convient de la prémunir contre tout instinct de possession, de soumission, contre tout reliquat d'animalité dans l'humain. La diversité généralisée de notre époque doit pousser à la création de liens entre nature et culture, qu'une simple différence sexuelle n'avait pas semblé nécessiter. Le mariage entre une Blanche et un Noir, entre une catholique et un musulman, ou deviendra un extraordinaire ferment de croissance pour nos civilisations, ou il entraînera des résurgences instinctuelles absentes de nos usages, le privilège de coutumes où le pouvoir des uns sur les autres s'impose plus virulemment que dans les nôtres. A moins qu'il n'entretienne une soumission plus impérieuse encore des individus à des transactions économiques neutralisantes de la spécificité humaine?

De ce point de vue, les familles mixtes représentent un lieu clé pour la construction de nos sociétés futures. Elles y témoigneront d'un déclin de la conscience humaine, d'une fatalité économique qui nous laisse dans un mal-être et une impuissance culturels, ou elles participeront à une révolution mondiale plus ou moins tranquille. Les exigences de la mixité croisée dérangent nos habitudes mentales, nos droits coutumiers, nos critères législatifs. Elles nous contraignent à des transformations du désir, de la pensée, à des modalités de rencontre et de cohésion civiles dont nous avons à peine idée.

Comment donc les réaliser? En refusant de soumettre le respect de l'autre à l'affirmation du même, le présent ou le futur au passé. En acceptant que le devenir d'une civilisation ne consiste pas forcément dans l'accumulation de biens, de productions, de connaissances à l'intérieur d'un horizon inchangé. Certaines époques exigent le changement de l'horizon lui-même. Il en va ainsi de la nôtre. Nous avons à lâcher nos modèles identitaires fondés sur l'égalité, la similitude pour nous mettre à l'épreuve de différences qui nécessitent des droits équivalents mais non réductibles au même, à l'égal, à l'un. Les programmes politiques, comme les programmes scolaires, ont besoin de formations, d'optiques, de paroles et de logiques nouvelles pour ne pas prendre pour générosité progressiste des idéaux du passé.

Cette fin de siècle, si elle ne marque pas l'entrée dans une autre ère, risque de nous faire assister à un pitoyable déclin de l'espèce humaine...

Cet ouvrage a été réalisé par la
SOCIÉTÉ NOUVELLE FIRMIN-DIDOT
Mesnil-sur-l'Estrée
pour le compte des Éditions Grasset
en janvier 1999

www.ingramcontent.com/pod-product-compliance
Lightning Source LLC
LaVergne TN
LVHW010526060726
842525LV00013B/3009